"中国丝绸文物分析与设计素材再造关键技术研究与应用"项目 (2013BAH58F00)

国家出版基金项目
NATIONAL PUBLICATION FOUNDATION

中国古代丝绸
设计素材图系

ORNAMENTAL PATTERNS FROM ANCIENT CHINESE TEXTILES EMBROIDERED ACCESSORIES

小件绣品卷

赵丰◎总主编　　俞晓群　王露芳◎编著

ZHEJIANG UNIVERSITY PRESS
浙江大学出版社

总　序

赵　丰

　　丝绸是中国古代最为重要的发明创造之一，距今已有五千多年的历史。自起源之日起，丝绸就是技术与艺术的完美结合。一方面，她是一项科学技术的创造发明。先人们栽桑养蚕，并让蚕吐丝结茧，巧布经纬将其织成锦绮，还用印花刺绣让虚幻仙境和真实自然在织物上体现。在这一过程中，就有着无数项创造发明，其中最为巧妙和重要的就是在提花机上装载了专门的花本控制织物图案，这直接启蒙了早期电报和计算机的编程设计。同时，丝绸印染也是我国古代科技史上的重大发明，汉代的雕版印花技术是最早的彩色套印技术，对印刷术的发明有直接的启发；而唐代的夹缬印染技术也是世界印染史上的一大创造发明，一直沿用至今。另一方面，丝绸更是一门艺术，一门与时尚密不可分的艺术。衣食住行衣为首，蚕丝纤维极好的服用性能和染色性能，使其色彩远较其他设计类型如青铜、瓷品等更为丰富。所以，丝绸能直接代表服用者的地位和特点，能直接代表人们对时尚和艺术的喜好；丝绸的艺术为东西方所推崇，成为古代中国最为重要、最受推崇的艺术设计门类。

　　与其他门类的文物相比，丝绸在中国历代均有丰富的遗存。最早的丝绸出土于五千多年前的新石器文化遗址中，在商周早期的各种遗存中也可以找到不少丝绸的实物。而完好精美的丝绸织绣服装在战国时期的墓葬中开始大量出现，如湖北的江陵马山楚墓、江西的李家坳东周墓。汉唐间的丝绸出土更是数量巨大、保存精好，特别是丝绸之路沿途出土的汉唐间的丝绸更为重要，其中包括了来自东西两个方向的丝绸珍品，丝绸图案中也体现了两种艺术源流的交融和发展。宋、元、明、清各代，除相当大数量的出土实物外，丝绸还有大量的传世实物。这些实物一部分保存在博物馆中，特别是如北京故宫博物院一类的皇家建筑之中；另一部分保存在布达拉宫等宗教建筑之中。这些丝绸文物连同更为大量的民间织绣，是中国丰富的文化遗产的一部分。

在丰富的实物遗存中，丝绸为我们留下了极好的设计素材，成为我们传承和创新的源泉。因此，由浙江凯喜雅集团和中国丝绸博物馆牵头，联合浙江大学、东华大学、浙江理工大学、浙江工业大学、浙江科技学院等高等院校，根据国家文化科技创新工程的要求，我们申报了"中国丝绸文物分析与设计素材再造关键技术研究与应用"项目（2013BAH58F00），开展了相关研究工作。其主要目的是加强高新技术与织造、印染、刺绣等中国传统工艺的有机结合，研究建立文化艺术品知识数据库，促进传统文化产业的优化与升级，在传承民族传统工艺特色的基础上，推陈出新，让古老的丝绸焕发新的生命力。

我们的项目从2013年开始，到2015年年底恰好三年，已基本完成。项目包括三个课题：一是丝绸文物信息提取与设计素材再造方法研究，二是丝绸文物专家系统研发，三是丝绸文物创新设计技术研究与技术示范。其中第一部分是中国丝绸文物的基本素材的收集与整理，这一课题的负责人是周旸，参与机构有中国丝绸博物馆、东华大学、浙江工业大学、浙江科技学院，其中设计素材部分的主要参加人员有王乐、徐铮、汪芳、赵帆、袁宣萍、苏淼、俞晓群、茅惠伟、顾春华、蒋玉秋、孙培彦等。我们按照收集的材料，把所有的设计素材整理分成十个部分出版。

这里，我们要感谢科技部和国家文物局站在历史和未来的高度提出这一文化科技创新项目的设计，感谢浙江省科技厅对我们申报这一项目的大力支持。感谢项目中三大课题组成员的相互配合，特别是感谢第一课题组各成员单位齐心合作，收集整理了数千件中国古代丝绸文物的设计素材。最后，我们也衷心感谢浙江大学出版社对中国丝绸博物馆和中国丝绸文化遗产保护的一贯支持，使得这一图系顺利出版。我们期待，这一图系能为祖国丝绸文化遗产的传承和发展起到应有的作用。

民俗之美——明清小件绣品刺绣纹样

俞晓群

2013年年初，中国丝绸博物馆主持申报了国家科技支撑计划项目"中国丝绸文物分析与设计素材再造关键技术研究与应用"（2013BAH58F00)课题，浙江科技学院团队参与其中，承担了项目的子课题——"纺织品文物实物分析（纹样提取）"。根据课题研究内容的划分，我们承担的课题研究对象为传统民间小件绣品，重点在于梳理民间绣品外在的美感属性，剖析其内在的造物精神、审美价值等文化内涵。博物馆收藏和学界，向来比较重视宫廷庙堂刺绣和文人书斋刺绣两类绣品，而忽视民间乡野绣品的收藏，这就为实物资料的收集带来了难度。课题组在持续3年的查找下，收录了1000多件民间小件绣品馆藏文物和传世作品的资料，主要为明清时期的绣品，品类比较庞杂，有肚兜、云肩、挽袖、假领、帽子、枕顶、荷包、香囊、扇袋、镜心等多个品种。对此我们进行了实物分类、采集与提取，继而解读其工艺技法、造型结构、色彩组织、艺术风格等基本信息，建立资料卡；再从审美角度出发，选择典型性纹样300幅，结合平面绘图软件对图案进行提取、绘制和复原整理，构建小件绣品纹样数字信息库。在此基础上，紬绎纹样视觉要素的演变规律，尝试将绣品置于历史的经度和文化的纬度中还原其生成的脉络，以绣品的品类和功能特征为脉络，剖析传统手工艺的造物意念、造物手段和造物寄寓，借此探讨其承载的审美生命力及其作为民族符号的当代价值。

我国传统刺绣工艺有着悠久的历史、深厚的文化积淀和自身发展的脉络与体系。它以艺术与生活、物质与精神、文化与经济融合的形式，承载了中华民族的精神诉求、道德伦理、宗教信仰等价值观念，呈现了历代传承而又融汇于生活之中的审美情趣和多样化的地域风俗习惯，因此是中华文明最为生动和完整的文化形态之一。《考工记》中有"治丝麻以成之，谓之妇功"的记载，古乐府诗《孔雀东南飞》有"妾有绣腰襦，葳蕤自生光"，南朝宋沈约有诗句"领上蒲桃绣，腰中合欢绮"，宋代欧阳修《南歌子·凤髻金泥带》里的新嫁娘玩笑间有"等闲妨了绣功夫，笑问鸳鸯两字怎生书"，唐代白居易有诗云"红楼富家女，金缕绣罗襦"，秦韬玉赋诗《贫女》"敢将十指夸针巧，不把双眉斗画长。苦恨年年压金线，为他人作嫁衣裳！"翻开历代诗词文赋，闺阁女红情韵跃然纸上，像沉寂的历史长河中的一抹色彩，提亮了一幅幅活色生香的生活画面。

民间绣品是传统女红代表性作品的一部分。传统刺绣工艺在明清时期获得极大发展，不但朝廷重视，百姓喜爱，流传及其广泛，而且花色品种之多、技艺之精、应用之广，均超过了前代。在这个时期，不同民族、地域的民间刺绣作品因宗教信仰、语言文字、节庆礼仪、生活习俗等文化背景差异，形成了千姿百态的风貌，绣女们以其无尽的智慧创造出种类繁多的刺绣针法，形成了刺绣工艺品类万千、百花争艳的崭新局面。从总体上看，明清绣品基于风格和地域因素形成了蜀绣、苏绣、湘绣和粤绣四大名绣，以及京绣、鲁绣和潮州绣等。明清绣品在功能、造型、符号意象、技法等方面呈现了鲜明的审美特征，在题材、主题、寓意上形成了丰富的内涵、稳定的意象符号体系和鲜明的文化特征，标志着刺绣工艺的专门化与成熟，也代表了我国刺绣工艺和手工艺发展巅峰时期所具有的水平。

一、民间小件绣品的审美特征

民间绣品在色彩、造型、图案纹饰及其组合方式等各个方面，有别于宫廷绣品、文人绣品，呈现了自身鲜明的特征。从生产形式、功能及审美特点来看，宫廷绣品通常指向在官营织造局体系的组织下，以满足宫廷贵族实用与欣赏需求为目的，以精美、奢华、绚丽为特点的织绣品；文人绣品则多流行于文人士大夫的生活之中，与其审美情趣和审美理想相契合，在功能上偏重于欣赏，在风格上与明清文人特有的人格特征及道释思想相一致，体现为温文尔雅、含蓄内敛的特点；而民间绣品则来源于民间自发的、家庭式的(以婆媳、母女间的传承为主)生产形态，除了满足自身、家庭所需，也通过明清以来逐步形成的商品经济环境提供的条件，在一定程度上满足了本阶层的更为广泛的需求，反过来也促进了民间绣品的发展。民间绣品在功能上主要以生活日用为主，欣赏为辅，具有自然、朴实和耐用等特点。

具体而言，在色彩配置上，民间绣品既有大胆鲜活的配色，也有温情含蓄的营造，往往呈现了鲜明的地域特点和个人的色彩倾向。通用的色彩常以"蛋青""天蓝""枣红""桃红""竹绿""葱白""橘黄"等命名，更多显示对自然物象的模仿，并且蕴藏着女性对自然物象的审美感受。配色较多采用青、赤、黄、白、黑色系中的饱和色，以及绿、紫、褐色系，配色效果丰富多彩，质朴而灵动。李渔《闲情偶寄》中记载的"如欲华美其制，则青上洒线，青上堆花，较之他色更显……"形象地道出了民间绣品的配色特点。在造型上更是不拘一格，除了采用多元化的方法，还根据对象的特征大胆出新。以虎符造型儿童肚兜为例，除了使用了传统中较常用的"正面律"及平面化等表现手法，更通过对装饰性元素的刻意凸显，增强情感的表现，例如将老虎的轮廓边缘饰以黑色粗线，使之更具平面感，再饰以各色贴布、云纹及浓淡不一的绣线纹理，不仅营造出虎虎生威的神韵，更使之显现出活泼的生态，体现了女性主体观照自然物象的独特视角。在图案纹饰上，则更突出符号的"外向性"所指，注重实体意象给人的感性体验，使寓意传达与勾连主体日常生活经验之间获得平衡，在形象之中蕴含着丰富的情感。除了以鸳鸯比拟恩爱，以鱼纹暗喻年年有余，以鱼、娃娃与莲花组合寄寓连年有余、生生不息的理想，以植物"三多"——石榴、佛手、寿桃合成的图案比拟多子、多福、多寿等较为"规范"的表征方式之外，又如在女红云肩、暖帽等服饰品中经常演绎的蝴蝶主题，尽管不如宫廷绣品中常见的凤、麒麟等显贵，也不如文人绣品中的鹤、猿等那般超凡脱俗，但更具平民性，更为亲切；而在图案排列、组合等程式上，尽管不如宫廷绣品与文人绣品那样考究，但通过蝶恋花、彩蝶飞舞等纹样，在整体语境的情意传达上反而更胜一筹，更能够表达女性对美好事物的向往与寄寓，体现民间绣品题材相对活泼、自由的属性。

二、民间小件绣品的文化特征

民间小件绣品是一种十分重要的女红文化形态。它不仅广泛地实现了女红在"器物"方面的实用功能，体现了最为普遍的大众需求，还在造物文化上折射出女红文化中最具活力的、最具有民俗性的一面。如果说宫廷绣品与文人绣品侧重对"艺术性"的追求，有时难以逾越统治阶级、精英文化与大众之间的审美沟壑，那么广泛地存在于乡野之中的民间绣品，则以其"民俗化"的审美价值、文化功能显示着女红更为强劲的生命力。一方面，民间绣品继承了传统文化和民间艺术"造物寓意"的价值功能与意象建构方式，在纹样与造型上大量采用象征、人格化、表情性字符与谐音式假借、表象、比拟等一系列手法，借用不同的物象来表现不同的寓意，形成了一种带有功利性的审美价值体系；另一方面，其所蕴含的工艺技术、设计巧思、精神寓意等，体现了多重文化价值，而这些价值的内核，亦即赋予其灵魂的，不是那些精巧的工艺或是赫赫有名、流芳百世的工艺大师，而是千百年来延绵不绝的、孕育和承载着女红文化的生活智慧、生活情感。

民间绣品在审美价值上是以"真"为核心的，而在审美体验和艺术表达的特质上则是以"趣"为主导的。"真"体现了对生活真实的关注、对生命真诚的体验和在审美过程中情感释放的直接性。虽然民间绣品在造物层面上是功利性的，但在情感表达上却是非功利性的，在主体生命的体验形态上显现出合规律性与合目的性的统一。它们往往比那些恪守成规的宫廷绣品以及受某种艺术观念引导的文人绣品更加贴近主体本真的情感体验；同时由于它们在文化功能上始终是与实用相融合的，因此更侧重于表达审美主体对现实生活的愿望和欲望，也因此成为直抒胸臆的审美载体，这也正是民间绣品文化品质的可贵之处。正是借助这种"真情"的灌注和流淌，民间刺绣艺术呈现出蓬勃的生命力，在形式上呈现为纯朴、自然、意味绵长的"浑化"之境。

"趣"则契合于现实生活的愿望和欲望的个体表达，在艺术形式上呈现为感性、活泼、随意以及时尚的特点。这种"趣"中蕴含着一种富有生活气息的"谐趣"，其基本内涵是"轻松"，即通过一种更趋于感性的、视觉的审美体验方式达到具有游戏性的审美效果。民间女红艺术的这种"趣"与刻意追求艺术形式、风格和审美品位的精英文化艺术形成鲜明对比，它借助形式语言（如线条、色彩、节奏和布局等）以及富有地域特色的审美风格充分展现其朴拙洒脱的气质。

三、结 语

自古以来，民间绣品不仅满足了日用所需，还以多样化的形式满足了女性在审美、精神、情感等多个方面的需求，蕴藏于造型、图案背后的，不仅是制作者的巧思、巧工，还有其对生活的感受和愿景。绣品的创造主体主要为女性，这就使绣品一方面体现出封建社会主流的男权思想对中国女性伦理道德以及性格、人格特质的塑造；另一面也促使女性通过含蓄的象征表现手法，来表达自身的情感和愿望。与这种文化功能相符，民间绣品在形式语言上既遵循传统社会文化的基本道德伦理和社会规范，使女红成为塑造女性社会身份和主体意识的一种媒介，同时也曲折、隐晦地传达着女性群体的现实理想、人生价值。与此同时，它在审美范式上也形成了与女性生理和心理结构相符的艺术特征，即通过将内心对世界的理想托形于外，以形象化的特征来转述内心情感世界，实现了女性主体与客体之间生命情调的交融深化，注重对现实生活物象的感性体验和唯美呈现，而这一点在民间绣品上得到了集中呈现。

历经千百年的积淀和传承，明清绣品蕴含着深厚的文化内涵，滋养着千万百姓的生活，实现着其物质与精神文化需求，聚集着一代代手工艺人的智慧和情感，积淀着人民大众的审美向度与心理诉求，呈现了中国古典艺术与民间工艺在意象思维、符号体系上的集体意识和共性特征；母女、婆媳世代传袭积淀下来的审美定式，心手相连、一针一线的手作，融入了女性特有的细腻、精巧与智慧；而璀璨多姿的形式、丰富多样的技艺以及质朴灵动的风格、远离庙堂亲近生活的特征，使之凸显出独有的精神内涵与美学特征。生长于民间的绣品，以其丰富、鲜活、生动、广泛的审美实践活动，成为中华文明最具代表性的文化艺术形态，谱写了宫廷庙堂、文人精英艺术无法替代的历史，为当下中国设计提供了珍贵而丰富的资源宝库。

因此，作为历史文化代际传承、发展的见证，民间绣品并非一种孤立存在的工艺技术形式，而是依存于特定物质文化条件下的生产水平，全面呈现着特定时代、民族、地域文化背景中的政治、经济、哲学、艺术、道德伦理、宗教等诸方面的内涵与观念，是对地方社会文化传统、民风民俗、宗教信仰等文化风俗生态以及自然地貌特点的生动、完整呈现，是对人们的物质文化生活、精神文化生活的生动反映。那一件件绣品上精美绝伦的技艺，更是智慧、情感、精神的承载，是有灵魂的活性载体。它所蕴含着的不仅是对物之本真的洞悉与审美体悟，也是对日常生活的经验累积与情感维系；其工艺之精巧中无不潜藏着对自然的眷恋、对美满生活的憧憬，实现着社会中的每个个体对自我身份的塑造和人生价值的追求。

目 录

服饰品

······1

家居饰品

57······

其他用品

······89

164······ 文物图片来源

后　记 ······165

服饰品

1 折枝菊花纹

清代晚期：两色平金绣挽袖

私人收藏

　　该绣品为京绣作品，采用了小件绣品中常用的平金绣工艺，即以纤细的丝线将金线盘钉的线条或图案固定在地料上形成花纹。绣品中用黄白两种丝线，黄色表示金线，白色表示银线，巧妙地利用丝线的变化形成几种色彩的效果，增加了绣品的色彩层次。这种工艺的形成年代较晚，一般在清代光绪年间到民国时期采用这种绣法。流行区域主要在北京、河北、山西的北部以及内蒙古呼和浩特市的部分地区，其他地区较少出现。该绣品的主体纹样为折枝菊花纹样，菊与梅、兰、竹通常被称为传统文化中的"四君子"，被赋予素洁高雅的品性。

2 折枝牡丹纹

清代晚期:京绣平绣挽袖

私人收藏

　　此为京绣挽袖,但也采用了苏绣针法。牡丹和叶子造型从外轮廓向里分层刺绣,中间留有细小的水路,行针具有短而密的特点。色彩过渡柔和,花瓣和叶子采用同类色,由内到外由深及浅,形成色彩和谐过渡的装饰效果。相对于苏绣和粤绣,京绣使用的丝线较粗,绣品显得比较厚重。挽袖中牡丹花的花瓣之间绣成锯齿状,以增加花朵的层次感,这种绣法体现了京绣的特征。牡丹素有花中之王之称,寓意富贵吉祥。

3 富贵平安纹

清代早期：五彩苏绣挽袖

私人收藏

　　此为苏绣挽袖，绣品年代比较早，以牡丹为主要题材，结合宝瓶等其他元素构成。这幅挽袖中牡丹花纹样造型肥美、丰满，色彩饱和华丽，构图规范，有较强的视觉装饰效果。工艺采用平绣、打籽绣、平金绣结合的方法，绣工精致，寓意富贵平安。

4 花鸟纹

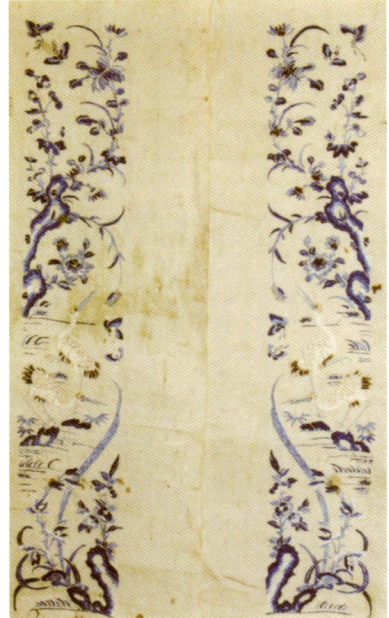

清代中期：三蓝绣挽袖

私人收藏

　　三蓝是对应绣品纹样的色彩来定义的。绣品的刺绣方法依据色彩常用的有三种：五彩绣、三蓝绣和墨绣，三蓝绣的形成在清代中期。这款绣品用深浅不一的蓝色丝线绣成，花、鸟、枝叶、蝴蝶形象栩栩如生，整体效果素雅清秀，精致细腻，具有较好的视觉效果。

5 莲蝶纹

清代晚期：京绣平绣挽袖

私人收藏

　　此为京绣挽袖，清末民国时期的衣服袖口变窄，挽袖也相应变短。京绣挽袖常见的图案有莲花、梅、兰、竹、菊、蝴蝶等，该挽袖刺绣图案以莲花为主体，与蝴蝶相结合构成，莲花寓意圣洁，蝴蝶被寄予爱情的美好向往。京绣蝴蝶的刺绣针法不同于其他绣种，翅膀采用横格、多层次的绣法，加上丰富的色彩变化，使蝴蝶呈现更为生动的气息，该绣法是京绣的一个创举。

6 梅花纹

清代晚期：盘综绣挽袖

私人收藏

　　盘综绣属于北方特有的刺绣工艺，流行区域为北京、河北、山西太原北部和内蒙古呼和浩特部分地区，由于这几个地区的绣品的工艺、色彩以及构图特点没有明显差异，因此统称为京绣，盘综绣为京绣的一种。这款挽袖以梅花为主题，枝叶花型线条修长，流畅对称，采用京绣常用的浅绿为主色调，结合粉红、粉黄、粉蓝色，构成了清新、明快的画面。

7 花蝶纹

清代：玄色缎地苏绣裤腿

私人收藏

　　清代服装的袖口上有挽袖，裤腿的口沿处也有相应的绣工，尺寸一般为长约 40 厘米，宽约 15 厘米，是一块可以更换的布，民间称为"裤腿"。多数裤腿带有刺绣装饰，刺绣的部分有多重构图形式，最常见的为三角形构图，另一种为窄条花边型，也有绣成两边大小不一、不对称的款式。这款裤腿刺绣为苏绣，由窄条花边和三角装饰图案组成，窄条部分为缠枝牡丹花图案，三角部分由牡丹花和蝴蝶构成，花瓣、枝叶形象饱满，色彩饱和，配色丰富，采用了红色和绿色组成的对比色调，装饰性较强。图案寓意富贵吉祥、爱情美好。

8 花蝶纹

清代晚期：红色缎地苏绣裤腿

私人收藏

　　此款绣品为清代服装裤腿下摆处的绣片，习惯上称之为裤腿。刺绣为苏绣风格，构图呈三角形，纹样由牡丹、蝴蝶和海水江崖纹组合而成，牡丹寓意富贵，与蝴蝶组成蝶恋花纹样，寄予了对美好爱情的向往。在图案的下端，斜向地排列着许多弯曲的线条，名谓水脚，水脚之上有许多波涛翻滚的水浪；水中立一山石，并有祥云点缀，称为"海水江崖纹"，它寓意福山寿海，也带有一统江山的含意。这组纹样在红色缎地的映衬下，呈现了饱满雍容的景象。

9 花蝶纹

清代：紫色缎地苏绣裤腿

私人收藏

　　此为带有苏绣风格刺绣的裤腿，刺绣纹样呈三角形，工艺和构图都比较规范，应为有管理、有规模的手工作坊的产品。纹样以饱满的牡丹花型为中心，水平向展开，铺以不同形态的花蕾纹样，左右结构不对称，花团锦簇，造型灵动、优美，寓意吉祥富贵。

10 花蝶纹

清代晚期：蓝色缎地苏绣裤腿

私人收藏

　　这款裤腿绣品由上下两组绣花纹样组成，工艺和格式都比较规范，应为苏绣作品。纹样在蓝色缎地上刺绣成行，整体风格淡雅。其中一组由菊花和梅花为主题，菊花象征冷艳清贞，梅花象征高洁傲岸，两者组合寓意清雅淡泊的品质。另一组由苏绣中的常见题材牡丹花和蝴蝶纹样组成，颂扬的是对美好爱情生活的向往。

11 三多纹

清代：紫色缎地盘金绣花边

台北故宫博物院藏

此绣边为深蓝色地上用金线绣成。盘金绣花边一般用于正式场合穿着的礼服袖口，以显示华丽庄重。三多纹是中国传统吉祥图案，即多福、多寿、多子。"佛"与"福"谐音，相传佛之手能握财宝，多财宝表示多福；桃子俗称"寿桃"；石榴作为多子的寓意。此绣边构图以石榴、寿桃、佛手为中心，配展翅飞翔的对禽，寓意福寿三多。金线成分颇足，至今光泽不变，针脚极细，呈现流畅的美感。花边还采用了平金绣。

12 水仙纹

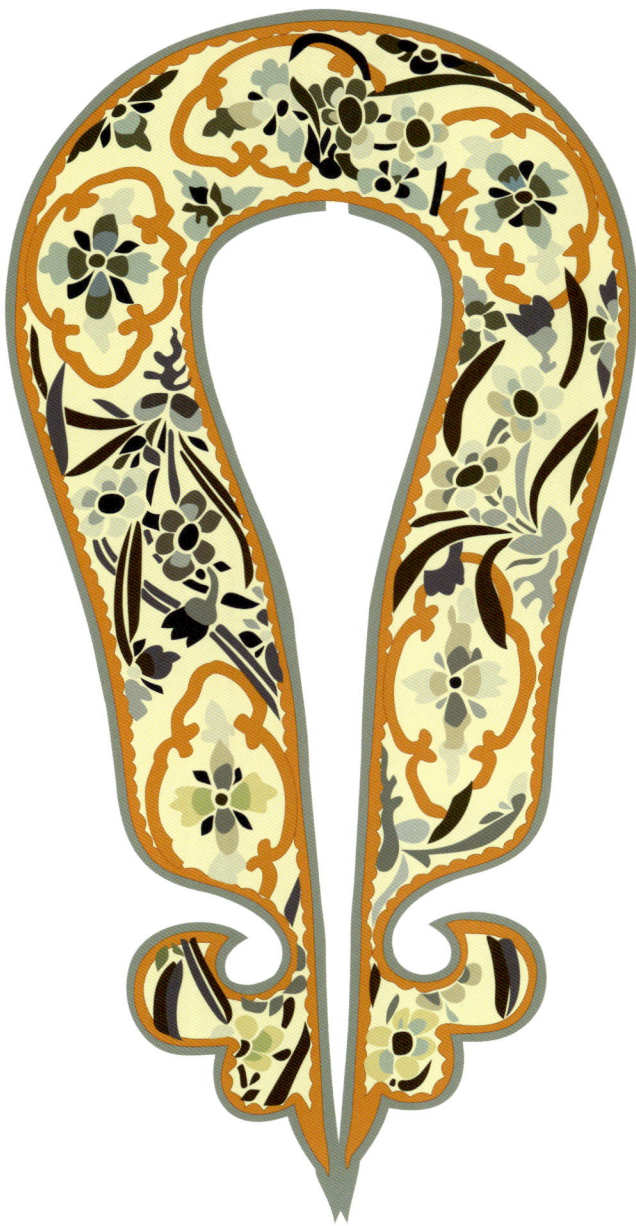

清代：黄色缎地刺绣衣领

私人收藏

　　水仙花白叶绿，素雅高洁，清香四溢，宛若凌波仙子踏水而来，又谓花中之"雅客"，是中国传统的观赏性花卉。水仙寓意纯洁、吉祥，传统织绣品中也常常以此为饰，图案风格以写生形式为多，花、叶、根、须一应俱全。该作品主要采用平绣技法，花瓣部分用到了戗针绣，金色线条采用了钉线绣法，即以细线将金色粗线盘成的线条或图案钉固在绣面上，做成各种纹样或勾勒花纹边缘。

13 花卉纹

清代晚期：紫色缎地刺绣假领

私人收藏

　　这是一款刺绣装饰的假领子，清代的服装大多为无领，只在领口处镶嵌一条很窄的绲边，这一服装造型为假领子的存在提供了空间。假领子具有较好的装饰性，清代晚期假领比较常见，主要搭配一些较正式的服装穿着，一件外套可以轮换配搭几款假领。假领中间夹以较硬的内衬，整体挺拔，外面以缎面刺绣装饰纹样，增添服装美观奢华的气质。该款假领刺绣为二方连续的折枝花纹样，紫色为底衬托蓝灰色调的纹样，优雅大方。

14 福寿纹

清代晚期：橙色缎地刺绣假领

私人收藏

　　该款假领工艺较为精致，纹样由三个部分构成。主体为粉色缎面上的刺绣纹样，由蝙蝠、寿字、桂花三种纹样共同组成。蝙蝠的"蝠"与"福"字谐音，与寿字纹样相连接，寓意福寿无疆，桂花的桂与"贵"同音，寓意贵子，福增贵子。其次，在刺绣纹样的周边再饰以两层二方连续花草纹样花边，整体呈现较好的装饰效果。

15 福寿纹

清代晚期：红色缎地刺绣假领

私人收藏

　　此类刺绣假领大多为当地家庭式作坊的绣品，一般由女性在家中完成刺绣，并制作成产品，拿到集市上出售，作为一种家庭经济补充。一些具有地方特色的小件绣品，大多是这种生产模式的产品，所以此类作品刺绣内容、刺绣技法、构成形式、色彩搭配等都相对自由活泼，品质差距较大。这款假领的刺绣纹样由蝙蝠与寿字纹样排列组合而成，寓意福寿双全。

16 五蝠庆寿纹

清代：玄色缎地刺绣八团补子

北京故宫博物院藏

此补子以青色缎为地，以黄、绿、白等色线及圆金线为绣线，运用晕色法，采用平针、套针、滚针、打籽针、平金等针法，绣出寿字、折枝桃、寿菊、水仙、天竺、灵芝、竹子及口衔彩带系着磬的蝙蝠、如意、方胜、卍字等纹饰，中心的纹样为五蝠庆寿，寓意"灵仙庆祝福寿万代如意"。边饰为五色云。尤其是采用杏黄、金黄二色绣寿菊，用白色绣水仙，用红色齐针绣天竺的红豆，使花纹自然逼真，具有很强的装饰效果。

17 兰花灵芝纹

清代：青色八枚三飞缎地刺绣八团补子

北京故宫博物院藏

　　此补子以青色八枚三飞缎为地，以红、绿、灰、黄、白等色线为绣线，采用退晕法，运用齐针、套针、滚针、打籽针、鸡毛针等针艺，绣制兰花、石竹子、月季、灵芝等纹饰，具有"连祝长寿"的寓意。尤其值得一提的是用鸡毛针绣兰花又细又长的叶片。鸡毛针形似鸡毛，由人字形线条排列组成，一般适宜绣小的尖瓣花和建筑物的转角等。此外，该补子用晕色自如的套针绣月季、石竹子等花朵，使花纹更加形象逼真，生动活泼，自然灵动，栩栩如生。

18 三多纹

清代：蓝色缎地三蓝绣补子

私人收藏

　　此为清三多纹刺绣，底为深蓝，上方是
由蓝色主基调构成的花卉纹样，有二至三层
色晕。纹样为圆形适合纹样，左右对称，以
朵花为主题，花开富贵，此外可见寿桃和蝙
蝠，寓意吉祥。该作品从色彩上讲属于三蓝
绣，即整个绣品用深浅不同的蓝色绣成，不
用其他颜色，虽然只用一种色系，但这种冷
色调的风格效果明快淡雅。

19 莲花纹

清代晚期至民国初期：贴布绣菱形肚兜

私人收藏

　　肚兜为明清时期至民国时期较为时兴的内衣形制，常年为男女老少穿着使用。此款肚兜基本形态为菱形平面，上端剪角形成接近直线的领弧，在领弧左右两角配有长绳系带，便于穿着时绕颈部系结固定，肚兜左右两端同领弧结构相同，缝缀系带用于在后背系结。肚兜下端以黑色布贴加金线锁边绣装饰以莲花纹，莲花纹主体为剪影形态，在叶瓣部分绣有经脉花草，整体呈现了民间绣品古拙、质朴的韵味。莲花纹是肚兜等服饰绣品中经常采用的题材，寓意"莲（连）生贵子"，多子多福。

20 花枝纹

清代：米色布地打籽绣肚兜

私人收藏

　　中国女性将花朵赋予人格精神，用花来比拟自身，以状物咏情来应寓风雅。女性肚兜上常以"花"为物象表达人格化象征。此款肚兜在上端和下部分别饰以花枝纹，遥相呼应，大小撷趣，形成有机组合，在米色布面上以粉绿色为基调刺绣纹样，从中以红色渐变点缀，刺绣针法表现灵动，在平针绣基础上采用打籽绣突出经脉线条，整体面貌和谐雅致，富有变化。

21 花卉纹

清代：红灰双色布地五彩绣肚兜

私人收藏

　　本款肚兜在结构和配色上比较有特色，灰色和红色两块面料组成上下两层，兼具装饰和实用功能，红色布地上装以花卉刺绣纹样为主要装饰，纹样下摆点缀蟾蜍纹样和水波纹，构图对称，花卉刺绣纹样丰富多彩、形象生动。整体造型和谐统一，寄托了对花团锦簇美好生活的向往和财源滚滚绵绵不断的期望。该款肚兜较有特色之处，在于其结构上下两层面料分割处暗藏一袋，通常用来贴身储放钱物或药品，具有较强的使用功能。

22 折枝牡丹纹

清代：黑色布地苏绣肚兜

私人收藏

　　此款绣品采用黑色布为地，使其整体面貌肃穆、沉着，但也更好地衬托了刺绣主题牡丹纹样的表现。自唐代以来，牡丹饱满艳丽的形象颇受世人喜爱，被视为繁荣昌盛、美好幸福的象征，演变成为人们喜闻乐见的刺绣题材，常见于肚兜等服饰用品。该款牡丹绣品针法细腻，以渐变的色彩呈现了丰富、饱满的造型，构图形式给人们以美的感受。

23 飞凤牡丹纹

清代：深蓝色布地五彩绣夹层胸衣

私人收藏

  凤纹是中国传统吉祥纹样，相传凤为群鸟之长，是羽虫中最美者，飞时百鸟相随，在中国古代被尊为鸟中之王，寓意祥瑞。凤纹经历各朝代的发展演变，至明清尽管有双凤、团凤、夔凤、凤凰牡丹纹、龙凤纹等多种形态，但总体来说趋于规范化，成为皇权的象征，标榜尊贵的身份。本款绣品在五彩凤凰纹样上方绣有牡丹花卉纹样，整幅刺绣纹样意在祈求荣华富贵、吉祥平安。

24 盘龙纹

明代：红绸缎五彩绣主腰

私人收藏

　　本款主腰呈现了明代内衣的典型性特征，从形态来说"仅仅一方布帛，以带缚于胸间"，整个主腰仅以一根绳带挂在脖颈，可以说形制前卫、大胆，以"露"表达了对身体禁秘的抗争，体现了明代内衣多样性、开放性倾向。从色彩和面料来看，红色绸缎迎合了明代中后期"尊崇富奢""非绣衣大红不服""非大红裹衣不华"的社会风尚。主腰上部胸际处有两处褶裥，这一结构设计不仅仅表现为"以量变来修饰乳房结构"的实用功能，还体现了中国传统服制从平面到立体的质的演变。从绣纹题材来分析，龙作为帝王的象征，具有权贵、地位和财富的综合象征，盘龙纹中凸起的前额象征智慧、鹿角寓意长寿、鹰爪展示勇猛，主腰四周装饰的回形纹寓意绵远流长、生生不息，主腰纹样整体寓意对前程的高瞻远望。

25 飞龙纹

清代：深蓝色布地五彩绣夹层胸衣

私人收藏

　　龙在中国传统文化中是权势、高贵、尊荣的象征，又是幸运与成功的标志。在刺绣纹样中，龙的各部位都有特定的寓意：虎眼表示威严，鹿角表示社稷和长寿，牛耳寓意名列魁首，鹰爪表现勇猛，金鱼尾象征灵活，马齿象征勤劳和善良。胸衣上借用龙图腾纹样，也是民间敬拜其善变之神趣，祈盼借助龙施云布雨的能力而滋生万物，希望生活荣华富贵，子孙成"龙"成"凤"，光耀祖宗。

26 麒麟送子纹

清代：浅灰色布地肚兜

私人收藏

　　本款肚兜由"麒麟送子"、蝴蝶与莲花三组纹样构成。肚兜中间为麒麟送子刺绣纹样，麒麟为传说中的仁兽，是吉祥的象征，能为人们送来子嗣，成为民间求子的符号象征。肚兜上方为莲花纹，有多子的寓意，下摆为蝴蝶纹，蝴蝶素以形美、色美、情美为民间称颂，象征了自由和美丽。"麒麟送子"、蝴蝶与莲花的图腾表达了女性希望夫妻恩爱，早生贵子的愿望。浅灰色布地肚兜之上，三组纹样均以蓝色布地加五彩绣表现，面貌朴实，针法古拙，体现了民间绣品的真实风貌

27 莲花童子纹

清代晚期至民国时期：五彩满地绣胸衣

私人收藏

　　本款胸衣前片缀满了五彩绣纹，图案对称、构图饱满、造型生动。纹样中心部分为一男童手持莲花端坐莲花之上，民间传说此纹样来源于佛经"化生"故事，释迦牟尼降生于莲池。"化生"在中国图案中的运用历史很悠久，北魏就有莲花化生瓦当的传说，唐代以后，逐渐演变为童子持莲花或攀枝的图案，成为砖雕、线刻、玉器、瓷枕的常见题材。本刺绣纹样中一位童子端坐于莲花之上，寓意"莲（连）生贵子"，左右两侧还辅以两只头顶莲花的公鸡，冠上花开启示"升官晋级"。此款刺绣纹样深受民间的欢迎。

28 鱼莲纹

清代晚期至民国时期：红色晋绣肚兜

私人收藏

　　莲花作为象征生殖崇拜、男女情爱的隐喻纹饰，在民间广为流传，尤其多见于婚嫁服饰、家居用品。莲作为女性的象征，在表现繁衍生息的祥瑞图案中只是其中一部分，通常与鱼、鸟、男童等形象素材组合成各种纹样来表达完整的意义。鱼莲纹又名鱼儿戏莲纹，有鱼儿在莲花之上和鱼儿在莲花之下两种基本构成形式，前者暗喻恋爱，后者指向结婚，本绣品纹饰为后者，一般作为婚姻爱情的信物，代表夫妻和睦。又因莲与连同音，象征着持续、久远。

29 莲波纹

清代：白色布地五彩绣肚兜

私人收藏

　　传统刺绣作品中将直观可感的自然物象提炼转化为抽象形态，寄予美好的愿望，形成了"图必吉祥"的景观。莲花是传统吉祥纹样中较常用的花卉题材之一，莲谐音"连"，以莲花和莲蓬组成图案，寓意夫妻和睦，情感深长，多子多孙。水波纹象征绵远流长，表达一种情感的寄予和对美好生活的向往。本绣品在白色棉布上刺绣五彩纹样，纹样生动传神，构图自由、活泼，呈现了民间刺绣的特征。

30 鹊梅纹

民国时期：白色棉布地扇形肚兜

私人收藏

　　在传统刺绣纹样中非常集中地体现了中国人的吉瑞观念。无论从宫廷还是到民间，人们往往将吉瑞的期望寄托在动物、植物或自然现象上，以实物造型或图画的形式表现出来，多取其谐音、意象等寓意美好的愿望。本绣品纹样题材为鹊鸟和梅花，古时鹊素有喜鹊或报喜鸟之称，"梅"与"眉"同音，借喜鹊登上梅花枝头，寓意"喜上眉梢""双喜临门""喜报春先"等好事将临的征兆。

31 蝶恋花纹

清代晚期：浅绿色缎地刺绣肚兜

私人收藏

　　该款肚兜为浅绿缎地，以莲花为主体纹样，与蝴蝶纹样相映成趣，称为蝶恋花纹样。通过刺绣描绘了色彩渐变的红花、绿叶和彩蝶，形成了色彩清新、亮丽的画面，寓意爱情、生活的美好。

32 花蝶纹

民国时期：浅蓝色绸地五彩绣肚兜

私人收藏

　　本款为民国时期直身式圆领肚兜，突出绣花纹样的装饰。在浅蓝色绸缎面料上装饰以蓝绿色系五彩绣，清雅秀丽。"蝶恋花"主题表达了对缠绵爱情的祈盼，花型采用菊花题材，崇扬和赞美女性的"铮铮铁骨"和对爱情的忠贞不渝。

33 花蝶牡丹纹

清代中期：绿色棉布地色晕绣肚兜

私人收藏

　　本绣品以牡丹花和蝴蝶为主要题材，又名"蝶恋花"。素有"花中之王""富贵花"之称的牡丹花，居于纹样的中心位置，四周围绕着蝴蝶与其他花卉的组合，纹样呈圆形构图，造型饱满、形象生动。牡丹花的色彩以绯红色调渐变的形式表现，细腻而丰富，与绿地形成色相对比，整体和谐又有变化，呈现了美好祥和的气息，象征婚姻美满、夫妻恩爱、白头偕老。

34 花蝶纹

清代：玄色缎地刺绣儿童肚兜

私人收藏

　　此肚兜为玄色缎面，绲同色边，夹层，上下两片拼接，在深色底上用黄绿色调绣线进行刺绣，图案鲜明、生动，刺绣图案为折枝花卉，以及蝴蝶、蜜蜂。其中花蕊及蜂蝶部分采用打籽绣，形象逼真，蜂蝶触须及花瓣装饰部分采用钉缀技法，以纤细的丝线将粗线固定在绣面上形成花纹线条。该作品蜂蝶纹细腻，折枝纹劲挺，色彩明丽。

35 功名富贵纹

清代晚期：红色缎地苏绣胸衣

私人收藏

　　肚兜和胸衣往往是女性直抒胸臆、书写表达欲望的私密物件，传统女性闺阁待嫁之时，常常在胸衣上刺绣寓意美好的装饰纹样以表达对美好生活的祝愿与祈求。该款胸衣以吉庆的红色缎面为底，胸部纹样为公鸡啼鸣，比拟"功名"，正身部分大面积刺绣牡丹纹样，比拟富贵，表达了对夫婿功名富贵的祝福和期望。

36 多子多寿纹

清代晚期：粉绿色缎地刺绣肚兜

私人收藏

　　该款肚兜以镶和刺绣为主要装饰手法。"镶"通常采用布条、花边、珠宝、绣片等材料，这款采用纹样各异、宽窄不同的花边作为镶嵌的表达形式，再在肚兜下端粉绿色缎面上刺绣寿桃、石榴纹样，寄托福寿绵延、多子多福的愿望。肚兜整体色彩配置对比强烈，形成了较好的装饰效果。

37 连生贵子纹

清代晚期：红色缎地刺绣肚兜

私人收藏

　　肚兜作为一种内衣，具有实用和寄托寓意的双重功能，穿着者涵盖不同区域的男女老少。多数肚兜没有刺绣装饰，民间藏品中带有刺绣工艺的肚兜多为清代晚期儿童肚兜。该款肚兜刺绣纹样为独立纹样，以平绣技法描绘了一个束发男童坐在莲花花卉上的纹样，与红色缎面底纹营造了喜气洋洋的氛围。莲花在传统纹样中隐喻为女性生殖器，故纹样有连生贵子、多子多福之意。

38 喜上眉梢花卉纹

清代晚期：红色缎地刺绣肚兜

私人收藏

　　该款肚兜为红色缎地，款式和大多数流传于民间的肚兜相近，在正方形的基础上，上部横切，下摆修成圆角，左右两个相对的角缝上布条，穿着时系在身后。此款肚兜装饰纹样分成上下两个部分：上部为喜上眉梢，描绘了喜鹊登上梅花枝头通报喜讯的画面，寓意好事将临；下部为并蒂莲纹样，祈求爱情美满、生活幸福。

39 艾虎五毒纹

清代：玄色缎地刺绣肚兜

私人收藏

中国民间传说有"五毒"之说，分别是蝎子、蟾蜍、蜈蚣、毒蛇和壁虎（一说为蜘蛛），以"五毒"为主题的图案有辟邪、保平安的意思。中国民间用各种方法以预防五毒之害，如在衣饰上绣制五毒，在饼上缀五毒图案，均含驱除之意。有些地方的人们用彩色纸把五毒剪成图像，或贴在门、窗、墙、炕上，或系在儿童的手臂上，以避诸毒。该款肚兜图案以衔艾之虎和五种毒物（蛇、蝎、蜈蚣、壁虎和蟾蜍）构成，用艾虎来克这五种毒物，肚兜上绣有虎头像、"五毒"图案，以此寄托长辈的心愿，希望孩子逢凶化吉，健康成长。作品采用套针、平针等针法刺绣，针法使用到位。图案以黑色打底，用五彩丝线绣出各种动物，老虎形象虎虎生威，五毒形象生动有趣。

40 蟾蜍花纹

清代：贴布绣和平针绣裹肚

私人收藏

　　该款裹肚在历史上是应端午节习俗使用的服饰品。在西北陕西一带，端午节也称为"女儿节"，娘家给出嫁的女儿准备端午礼，即"送裹肚儿"，绣有蛤蟆（蟾蜍）的花裹肚为必不可少的礼物。蛤蟆形象是女娲部落的图腾标记，以此作为裹肚纹样具有辟邪和乞求生殖能力旺盛之意。该款蟾蜍纹样中心还饰以卍字纹，以卍符号形式表现，通常认为是太阳或火的象征，表达了吉祥、万福和万寿之意。下方红色缎地莲花纹寓意连生贵子生息繁衍，该裹肚上下两幅刺绣纹样均寄托了母亲对女儿的祝福。

41 刘海洒钱纹

清代：红色缎地刺绣肚兜

私人收藏

图中刘海为道教人物，相传他见累钱之危而悟道成仙，其形象常被用作装饰纹样，寓意为放弃利禄，抛弃功名，粪土金钱。刘海的形象一般是十五六岁少年，两手甩穿钱之绳，戏钓三足金蟾，周围配以花树飞蝶。刘海作为得道高人，他的洒钱行为不是简单地派利是，而是用来比喻人要淡泊名利、隐居修行的。不过民间传统似乎更关注洒钱的实际结果是天上掉下来很多现金，财源滚滚，所以把刘海视为吉神福星。

42 富贵耄耋纹

清代：黄色缎地刺绣肚兜

私人收藏

　　"猫"与"耄"，"蝶"与"耋"，均为谐音，牡丹有"富贵花"之称，民间将猫、蝶和牡丹合在一起组成图案，称为"富贵耄耋"，赠送老年长者，取其富贵吉祥、健康长寿之意。该图案以圆形适合纹样进行构图，用色热闹而协调，主要采用平针、套针等针法刺绣，呈现了生动的动物造型和饱满的花朵造型。

43 富贵耄耋纹

清代：黄色缎地刺绣肚兜

私人收藏

　　此肚兜图案牡丹为静，猫蝶为动，静中有动，相得益彰。图案为黄黑色调，采用色晕法表现牡丹的花叶，硕大而富有层次，采用平针、套针、接针等针法刺绣，绣工精致而生动。

44 富贵福寿纹

清代：品月色缎地刺绣怀挡

北京故宫博物院藏

　　此怀挡以品月色（浅蓝色）缎为面料，以粉色、绿色、蓝色、白色为绣线，采取晕色绣法，四角为粉色折枝牡丹，中间为蝙蝠、长寿字、如意云头，并用彩带系在一起，寓意富贵福寿。此怀挡采用散套针绣牡丹花，并留出水路作花瓣边，用斜缠针绣寿字、彩带及牡丹的枝干，用打籽针绣蝙蝠的眼睛，使花纹灵活、饱满、层次清晰，具有很强的立体感和装饰效

45 历元五蝠纹

清代：蓝黑色缎地贴布绣云肩

私人收藏

　　该作品采用贴绣工艺制作而成，用蓝黑色调作为底色，用红、黄等亮色勾勒蝙蝠轮廓以及细节装饰。蝙蝠是一种能够飞翔的哺乳动物，古代也划归虫类。因"蝠"字与"福"字谐音，所以蝙蝠被视为幸福、美满的象征而被广泛用于装饰。五蝠展翅围成圆圈，表示五种天赐之福，这五福就是长寿、富裕、幸福、美德、健康。

46 花鸟纹

清代：多色镶拼刺绣云肩局部

私人收藏

　　云肩为历史上女性披在肩部的服饰品。最初是为了保护领口和肩部的清洁，后逐渐演变为一种装饰物，多以锦缎刺绣而成，在婚礼等重要的场合穿着。云肩的结构变化丰富，有四片、六片、八片、十二片、二十四片等不同的结构分割，中心放射状呈现，或以旋转为骨架。该图为云肩的局部，以蝴蝶、花卉和凤鸟等多种题材的刺绣纹样，来表达丰富、美好的情感寄托。

47 花卉纹

清代：黄色缎地刺绣童帽帽檐

私人收藏

    该款女帽采用镶、填和刺绣等多种工艺，以布条包裹帽檐形成镶边装饰，并在帽檐部分填充浦绒、碎布等材料，使填充部分形态饱满圆润，营造些微的立体效果。帽檐的主体部分以明黄缎面为底，以花卉纹样满地刺绣装饰，明黄缎面刺绣和蓝色镶边色彩对比明快，整体美观别致。

48 四季花卉纹

清代晚期：黄色缎地刺绣童帽帽尾

私人收藏

　　该款童帽的色彩灿然华美，不拘泥于"五色之法"，色彩艳丽、色调明快，形成了较强的视觉冲击力。素材的选用不拘一格，纹样的表达更是充满想象力和创造力，以桃花、荷花、菊花与梅花纹样来象征"天之四时"，结合水波纹、莲藕、喜鹊等几种纹样，富有较好的装饰效果。

49 菊花松柏纹

清代晚期：红色缎地刺绣帽尾

私人收藏

　　该绣品为帽子的后缀饰片，采用了红色缎面为底加以刺绣，红色是民间小件绣片中采用较多的色彩之一，体现了女性群体心理的认同，对红色的崇尚，以及将红色与生命、活力相关联的集体认同。帽尾的形状为上方下圆，上宽下窄，应天地之象，动静、曲直、刚柔相生。刺绣纹样以菊花为主，松柏为辅，寓意品行高洁、坚贞不屈。

50 花卉纹

清代：蓝色缎地盘金绣帽顶

北京故宫博物院藏

　　这是皇帝戴的一种便帽的帽顶，也叫如意帽，民间俗称"瓜皮帽"。盘金绣是汉族刺绣传统针法之一，即用金线在绣面上盘出图案，金线为铺线，丝线为钉线，用金线、丝线两种线按纹样外缘逐步向内铺扎而成，适宜绣制花卉和水浪等花样。此帽在宝蓝色缎料上进行刺绣，帽顶用平金银和钉料绣制出整体花纹。除花的枝叶外，花盆、花心、蝴蝶均为钉料（各色宝石），手法很是新颖。再配以平金绣、平银绣更显得高贵、华丽，所用金银线之多令人惊叹。一顶便帽有如此的装饰，充分体现出佩戴者的身份和地位。

51 月季花纹

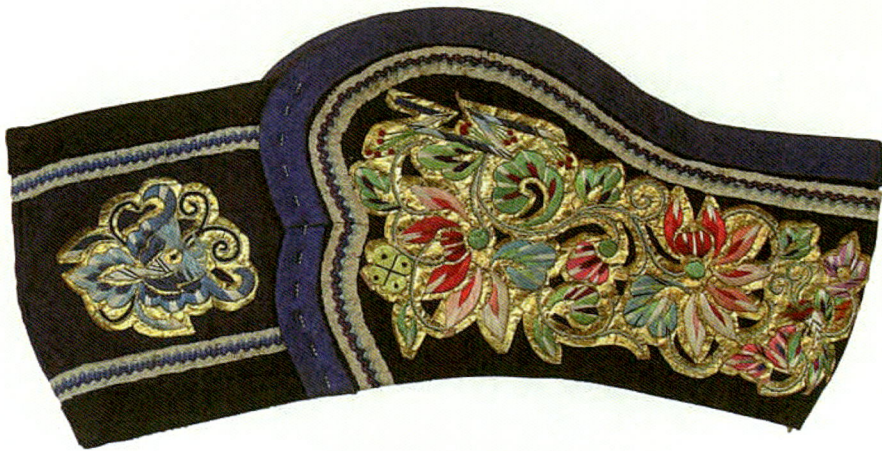

明：深蓝色缎地刺绣眉勒

私人收藏

　　眉勒盛行于明朝，是成年女性包裹于额头部位的巾饰，具有装饰和保护功能。该款眉勒工艺精致，采用镶、贴、绣多种工艺，色彩配置富丽堂皇，在深蓝色缎地上铺以大面积金色，再缀以五彩刺绣，美观大气。贴、绣工艺结合描绘了月季花纹样，寄予四时长春、花容长驻的美好愿望。

52 鱼戏莲纹

清代：黄色缎地平针绣暖耳

私人收藏

该物品为冬天用于保护和装饰耳朵的暖耳，造物形态与耳朵结构一致，"以状其形"，呈现了道法自然的思想。刺绣纹样由金鱼、荷花、莲蓬等组成，通过祥瑞的纹样寄托了年年有余、连生贵子等美好的情思。

家居饰品

53 缠枝牡丹纹

清代：红色缎地平绣枕顶

私人收藏

　　枕顶的产地主要为东北地区，为方形绣品，边长一般为15—20厘米，缎料后面衬有硬衬，装饰于北方圆形枕头的两端。枕顶的构图、主题具有明显的民俗特征，题材丰富，工艺手法自由活泼，风格写意夸张、不拘一格。这款绣品以"缠枝牡丹"为主题，缠枝纹是由藤蔓卷草经提炼变化而成，委婉多姿，富有动感，又名"万寿藤"。因其结构连绵不断，故又有生生不息之意。缠枝牡丹寓意富贵绵长。

54 花蝶纹

清代：银色缎地湘绣枕顶

私人收藏

　　民间收藏的枕顶往往具有鲜明的民俗特征，刺绣手法形式活泼，不拘一格。这款缠枝牡丹纹中叶子左右两边明暗不同的形式采用了蜀绣的常规表现手法；叶子经脉不留水路，整片叶子铺完绣线后补充完成茎脉纹理，采用了湘绣的叶子茎脉绣法。这款纹样以牡丹缠枝纹为主体，装饰以蝴蝶纹样，两者的组合寓意大富大贵、康宁长寿。

55 官上加官纹

清代：湖蓝色缎地平绣枕顶

私人收藏

　　这款枕顶具有典型的民俗特色，构图自由活泼，色彩饱满，对比鲜明，刺绣工艺不拘一格，形式活泼，针法和丝线配色自由，较好地融入了绣工的自我创作意识。该款绣品采用平绣，刺绣工艺精细，各种不同品种的花冠组合的纹样，称为"冠上加冠"，寓意官上加官，更上一层楼。

56 十字灵杵纹 / 缠枝莲纹

清代：明黄缎地刺绣凳套

北京艺术博物馆藏

　　清代中期，穿着和使用刺绣品成为全社会的流行风尚。宫廷绣品极尽奢华，应有尽有，甚至到了不可名状的程度。这件凳套，在明黄八枚缎地上绣十字形灵杵及如意头、缠枝宝相花，四周绣缠枝莲。主要使用套针和缠针等针法刺绣，色晕过渡自然，富有立体感，缠枝宝相花蜿蜒曲折，自然流畅，色调明艳富丽，绣工精致细腻，图案布局巧妙醒目，兼具装饰性与实用性。

57 瓜瓞绵绵纹

清代：本色布地刺绣靠垫

私人收藏

　　这款靠垫的刺绣纹样具有丰富想象力和创造力，体现了民间绣品活泼、灵动、质朴的审美特征，以形写神的表达方式。刺绣纹样融合了花卉、瓜果、彩蝶等多种元素，寓意瓜瓞绵绵，子孙繁衍，表达了对生活理想的追求与祈福。

58 连生贵子纹

清代：双色缎地镶拼刺绣坐垫

私人收藏

　　将莲花、童子、芦笙组合成纹，寓意"连生贵子"。配上佛手、铜钱等，又意味着"多子多福"。该作品采用平针绣法，平针的绣线疏密均匀，针脚细密，不露底，不交叉，不重叠，整个绣品构图精巧、色彩明丽、绣工精细。

59 花蝶纹

清代晚期：蓝色缎地刺绣苫盆

私人收藏

　　苫盆是绣片的一种，通常为边长40厘米的正方形，中间绣有各种装饰吉祥图案，四周镶边，再饰以栏杆，婚礼时用来遮盖小型的器物。民间收藏的苫盆大多为红色，这款绣品为较少见的蓝色缎地苫盆，纹样为圆形构图，以粉色渐变的牡丹花为中心纹样，四周饰以莲花、菊花、蝴蝶等多种纹样组合，花团锦簇，寓意美好。

60 加官晋爵纹

清代：蓝色缎地刺绣苫盆

私人收藏

　　该图案在方寸之间呈现了一个欢乐的场景，四周蓝色花边由"寿""禄"两字组成，三个人物是图案的主体，从人物装束和活动场面来看充满了喜庆的气氛，人物手持的器物、植物等都寓意"加官晋爵"。图案色彩丰富，人物的动作、神态生动活泼，刺绣工艺精巧。

61 加官晋爵纹

清代：黄色缎地刺绣苫盆

私人收藏

　　该图案中鸡冠花下站着一只雄鸡，寓意为"官"，再加上一只朝下飞来的山雀，"爵"为"雀"的古字，所以该纹样命名为加官晋爵纹。图案色彩鲜艳，花草动物栩栩如生，绣工精致，主要采用套针、戗针等针法刺绣，针脚整齐，丝丝相夹，镶色和顺，绣面平服。

62 加官晋爵纹

清代：银色缎地苏绣苫盆

私人收藏

　　此为"加官晋爵"纹。采用套针绣法。套针是苏绣中的一种传统针法，也是一批一批地刺绣，但是后一批线条必须插入前一批线条的两线之中，这样线条在套接时不露针脚，晕色过渡不着痕迹。

63 榴开百子纹

清代：浅灰色缎地刺绣苫盆

私人收藏

　　该图案中央立一童子，周围石榴花色娇艳，花瓣重叠多折，果实多子，象征多子多福，家族兴旺。与此相似主题的图案有以石榴、佛手、桃子组成的多子、多福、多寿的"三多"图案，有红色鲤鱼上坐一白胖娃娃的"望子成龙"图案，还有"麒麟送子""子孙满堂""莲生贵子""瓜瓞绵绵"等丰富多彩的祈福祥瑞图案。该绣品主要采用了平针、戗针、盘金等针法，色彩明丽，绣工精致。

64 双鲤花卉纹

清代：蓝底圆形苫盆

私人收藏

  该作品主要运用锁针和套针绣法，绣块面时将绣线绕成圈套，然后固定，圈和圈连在一起构成纹样，绣线条时采用套针。纹样以红蓝调为主，主题是双鲤，另有寿桃、桃花、杨柳、蝎子和山石，共同构成了圆形适合纹样，画面富有生机。

65　鲤鱼花卉纹

清代：绿色缎地苫盆

私人收藏

　　该作品采用锁针绣法勾勒图案，线条高凸齐整，细密坚实，所绣图案用色丰富灵活，搭配得当，尤显精美考究。画面由鲤鱼、花卉、水纹、蝴蝶等元素组成，构图饱满，内容丰富耐人寻味。

66 富贵长寿纹

清代：红色绫地粤绣镜心

私人收藏

    此为红绫地料，以平针、刻鳞针、打籽针等针法刺绣的花鸟纹样镜心。图中有牡丹、梅花、练鹊，牡丹又名富贵花，练鹊又名寿带鸟，两种图案绣在一起意即富贵长寿。绣线有深红、橙红、粉红、深紫、浅紫、深浅绿、白、黑等色，劈丝精细，针法精工，配色雅丽。牡丹花瓣采用戗针绣法，从内到外色彩渐变，具有很强的装饰效果。鸟儿用刻鳞针刺绣，刻画一片片的羽毛效果。花蕊部分用打籽针技法刺绣。

67 四季平安纹

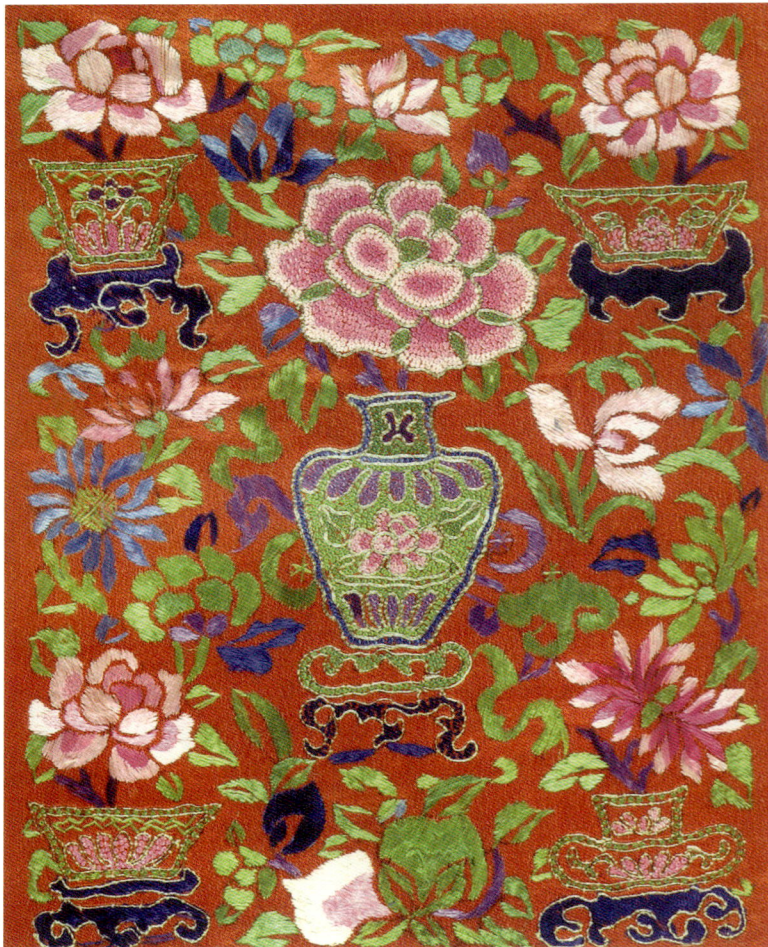

清代：红色缎地京绣镜心

私人收藏

　　四季平安是汉族传统吉祥纹样。纹饰以四季花和瓶组成。四季花在民间常作为四季幸福美好的象征，瓶与"平"同音，寓意"平安"。该作品中牡丹和玉兰、月季、桂花、菊花、梅花等织绣在一起，又有满堂富贵之意。该作品除采用平绣技法外，还采用打籽绣，即用线条绕成粒状小圈，绣一针，得一粒籽。打籽绣能使绣品凸显立体感，体现出一种类似浮雕的效果。

68 岁朝清供图

清代：红色绫地粤绣镜心

私人收藏

　　"清供"又称清玩，其发源于佛像前之插花。清供最早为香花蔬果，后来渐渐发展成为包括金石、书画、古器、盆景在内的一切可供案头赏玩的文物雅品。而新春以"清供"入画的画作，便称为"岁朝清供图"。它蕴含丰富、寓意深邃、雅俗共赏，给节日平添祥和喜庆的气氛。该图案中香坛全以石青、石绿、金色包边盘绣而成，也就是一般所谓的平金绣法，工巧罕见。

69 岁朝清供图

清代：红色绫地粤绣镜心

私人收藏

　　此为红绫地料，采用盘金、钉线、戗针、套针、打籽针等多种针艺，刺绣博古、瓶花纹样。有借喻五福临门、玉堂富贵、福寿长春等祈求吉祥之意。此绣品用于迎新春的室内装饰，以表达对新的一年吉祥如意的希望。

70 萱花蛱蝶图

明代：杏色缎地苏绣册页

辽宁省博物馆藏

　　此图案取自韩希孟的《刺绣花鸟册》，素色缎子作绣地，主题为萱花，有名人墨迹题咏，形象写实，简练生动，色彩秀雅，刺绣精巧。萱花又名忘忧草，历代诗人将其看成忘忧消愁、怡养性情的花卉。此图案中一株萱草下有几朵野菊花，一只蝴蝶飞绕其间。左下角绣"韩氏女红"朱文方印，右下角钤朱启钤蜘蛛肖形朱文圆印。萱花花瓣用白、黄、红色退晕绣，叶子用长短针绣深浅绿色。野菊花花蕊用打籽绣，蝴蝶触须用接针绣。

71 蔷薇蜂图

明代：杏色缎地苏绣册页

辽宁省博物馆藏

　　此图案取自韩希孟的《刺绣花鸟册》，素色缎子作绣地，主题为蔷薇蜜蜂，有名人墨迹题咏，形象写实，简练生动，色彩秀雅，无烟火气。绣迹精巧，绣地间有染补，为韩氏女红之佳作。花瓣用白、黄、红色退晕绣，叶脉和花蕊缠针绣，叶子用深浅绿色绣长短针。

72 芙蓉翠鸟图

明代：杏色缎地苏绣册页

私人收藏

此图案取自韩希孟的《刺绣花鸟册》，用素色缎子作绣地。一枝芙蓉从图上方斜伸而下，枝头翠鸟回眸。图上有名人墨迹题咏。形象写实，生动有趣，色彩秀雅，浑然天成。绣技精湛，堪称传世佳作。

73 博古四季花果纹

清代：杏色缎地粤绣屏风（局部）

台北历史博物馆藏

　　粤绣构图繁而不乱，色彩富丽夺目，针步均匀，针法多变，纹理清晰，善留水路，立体感强，具有金碧辉煌、花繁色鲜的装饰趣味。此屏风饰冬天花果纹，如梅花、毛竹、天竺、柚子、灵芝，配花瓶、花盆。丝线配色鲜艳，针法有首尾相连的接针，后一针刺入前一针的中部，使丝线针针相连，还有戗针，从纹样的外缘向内或从内向外一层层刺绣，颜色渐变，层次分明，装饰感强。

74 红梅水仙图

明代：杏色缎地苏绣册页

私人收藏

　　此图案取自韩希孟的《刺绣花鸟册》，素色缎子作绣地。图中左上为梅花，右下为水仙，寓意高洁。画中有名人墨迹题咏。绣技精巧，绣地间有染补，为韩氏女红之佳作。

75 蜻蜓花卉纹

清代：杏色缎地苏绣册页

私人收藏

　　该作品采用套针绣法来刻画花卉，即使是野花野草也显得婀娜多姿。蜻蜓是传统纹样中常见的装饰题材，历来受人喜爱。该作品采用多种针法刻画蜻蜓，立体感强，栩栩如生。蜻蜓和花卉一起构成了一幅恬淡闲适的田园小景，富有生活情趣。

其他用品

76 牡丹纹

清代：玄色缎地刺绣荷包

私人收藏

　　该图案的外形比较独特，一大一小两朵牡丹组成适合纹样，采用黑底上绣蓝白花朵，花蕊用红色点缀，显得清冷高雅。纹样造型优美，主要采用平针、戗针等针法刺绣，局部用了打籽针。打籽针绣出的黄色颗粒用在花蕊部分。戗针是中国传统针法之一，它用短直线、顺纹样形体，一批批由外向里排绣，并可一批批按颜色深浅换色晕色，也就是按纹形用齐针分层刺绣，一层一层地前后衔接而成。从纹样的外缘向内分层绣出为正戗，从内向外为反戗。戗针主要用于绣花卉、果实、山水等图案，采用这种针法的绣品层次清晰、色彩浓郁、极富装饰性。

77 鲤鱼跳龙门纹

清代：白色缎地刺绣荷包

私人收藏

　　这是清代文人系在腰间用于盛放钱币、钥匙和零星细物的荷包。该荷包造型较一般荷包别致，上大下小，呈敞口式；用以穿系腰带的带襻被设计成银锭样式，隐喻"代代（袋袋）有钱"。荷包表面用苏绣技法绣鲤鱼跳龙门图案，并辅之以兰花、桃花、杨柳、山石。整个绣面全部采用深浅不同的青色绣线，边缘也用青色锁边，白底青花，清新别致。

78 必定有钱纹

清代：红色缎地刺绣荷包

私人收藏

　　该刺绣荷包绣椭圆形适合纹样，人物居中，怀抱铜钱，左右两边是各式花卉和如意纹、卍字纹等，寓意有财、吉祥。红底，搭配对比色，所绣图案鲜艳、明快，具有浓郁民间传统特色。主要采用平针、戗针等针法刺绣，绣迹整齐饱满，风格较粗犷。

79 指日高升纹

清代：黄色缎地刺绣荷包

私人收藏

　　该纹样意即不日升官。图案构成是一官吏手指太阳，表明指日，其神情得意，后有随从手执装饰彩带的华盖。图中鹤为一品鸟，蕴高官之意，画面中还有鹿、蝙蝠等含义吉祥的动物。该作品采用直针绣，完全用垂直线绣成形体，线路起落针全在边缘，全是平行排比，边口齐整。配色是一个单位一种色线，没有和色。针脚太长的地方就加线钉住，这种针法后来就演变成铺针加刻的针法了。

80 麒麟送子纹

清代：红色缎地刺绣荷包

私人收藏

　　麒为雄，麟为雌，有说麒麟形象麋身、牛尾、龙头，有角，传说中麒麟是仁兽，四灵之一，是吉祥的象征，能为人们带来子嗣。俗传积德人家，求拜麒麟可生育得子。中国民间流行的麒麟送子传说由来已久。童子手持莲花，骑在麒麟上，造型质朴，刻画自如，周围有蝙蝠、铜钱、宝珠等环绕，具有浓郁的中国民间色彩。

81 花树纹

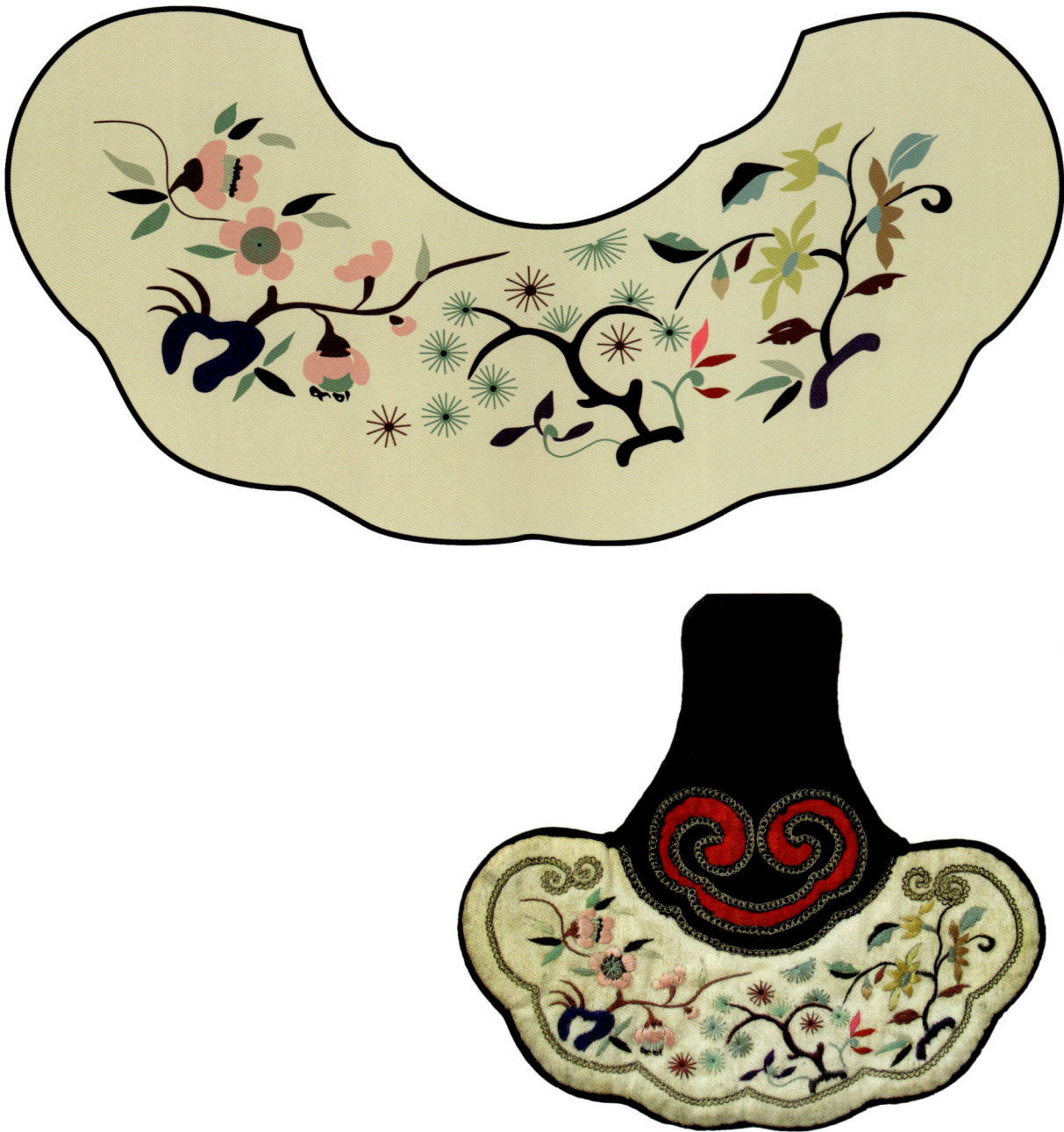

清代：黄色缎地刺绣荷包

私人收藏

    民间小件绣品通常体现了物品的实用功能、审美装饰功能和精神内涵等方面的内容，是生活与艺术、民俗与文化双重复合的具体呈现。这款荷包中心部分为心形纹饰，主体部分为缎面刺绣装饰如意形，刺绣纹样将梅花、松树、花卉相融合，如意形、心形纹饰和刺绣纹样均传递了荷包作为爱情信物的信息，寄托了对忠贞不渝的美好爱情的期盼。

82 蝈蝈纹

清代：玄色缎地刺绣荷包

私人收藏

　　该图案内容丰富，有花卉、如意、宝瓶、蝈蝈、鱼等。在中国民间，宝瓶、如意寓意平平安安，万事如意；蝈蝈与"国"谐音，寓意国家富裕。该作品以黑色为底，五彩丝线绣花，用色丰富，并结合多种针法运用，如以锁绣技法填充图案，外部加以平金绣法勾勒轮廓，鲜艳夺目，富丽堂皇。

83 蝈蝈纹

清代：棕色缎地荷包

私人收藏

　　蝈蝈、蜻蜓、螳螂、蝴蝶等是传统纹样中常见的装饰题材，它们有益于人类，故受到人们的珍视，特别是受到农村妇女的喜爱，虽然在整幅织绣品中有时仅处于陪衬地位，但往往被刻画得栩栩如生。本纹样中，蝈蝈配合兰花更显得惟妙惟肖，雅致有趣。

84 螽斯纹

清代：蓝色布地刺绣荷包

私人收藏

螽斯，有人说它是蝈蝈，有人说是蝗虫，因为《诗经》中的一首诗，螽斯成为大众青睐的吉祥纹饰，在旧时多用于祝福子孙众多，有吉祥之意。该图案在蓝色底上用黄灰色丝线进行刺绣，主要采用平针技法。平针是表现面的技法，根据面的大小和走向来选用竖平、横平、斜平。平绣针脚整齐，线距均匀，不露底。

85 螳螂纹/螽斯纹

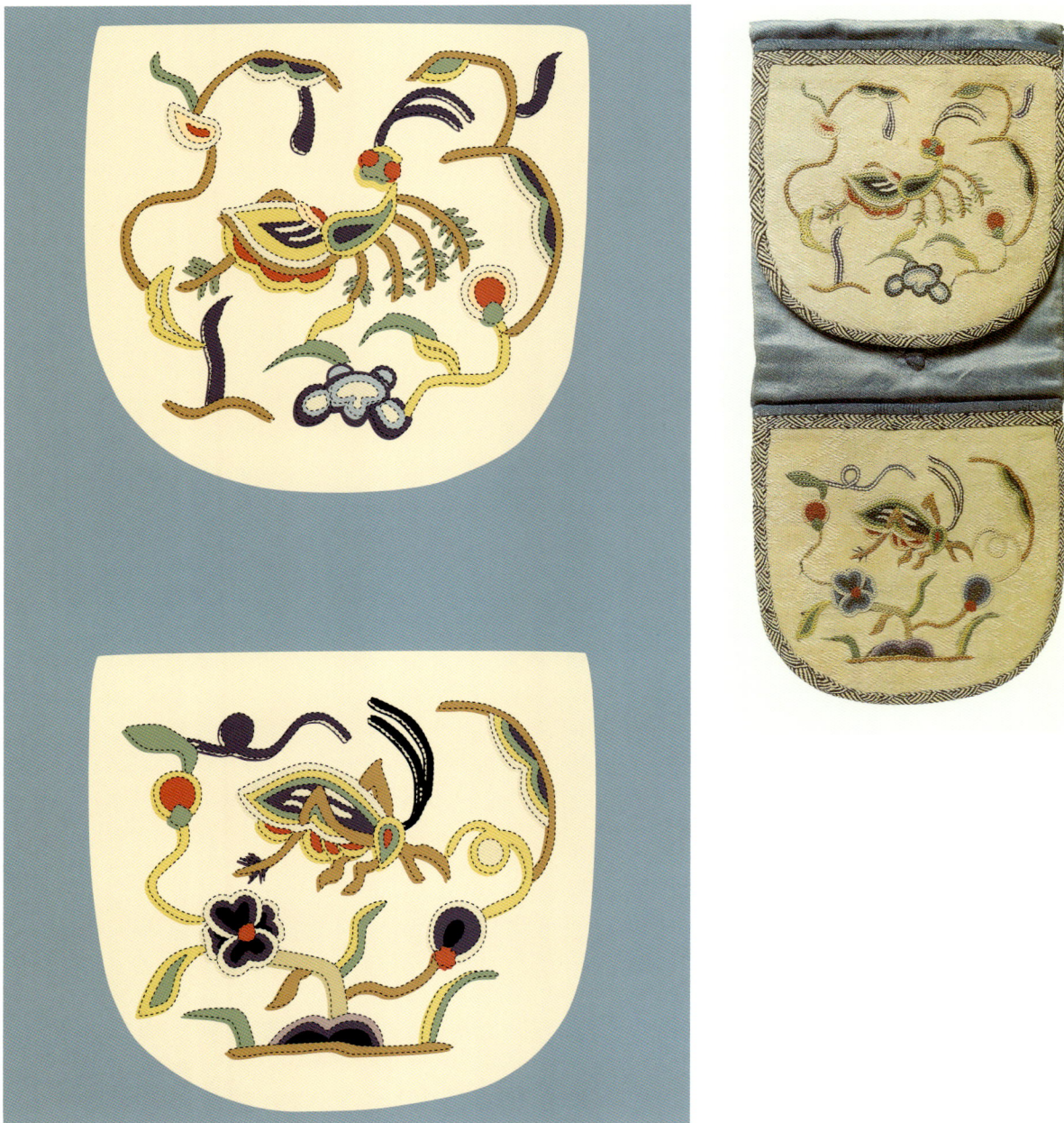

清代：本白色布地刺绣荷包

私人收藏

　　螽斯，中国北方称其为蝈蝈，夏日炎炎，常可听到其引吭高歌，铿锵有力，天气越热，叫得越欢。在民间饲养广泛，深得爱好者的青睐。螳螂、螽斯均是传统织绣纹样中常见的装饰题材，这些昆虫是病害的天敌，对人类有益，故受到人们珍视。该作品运用锁链绣的绣法，由绣线环圈索套而成，使绣品更为结实和均匀、有立体感。

86 蝉 纹

清代：红色布地刺绣荷包

私人收藏

　　蝉与"缠"同音，做成荷包挂在腰间有腰缠万贯的寓意。不论是动物、植物，还是人物，都被赋予了吉祥的寓意，许多以前忽略之物，如昆虫类的蝉、蜻蜓、蝈蝈等，都被用作装饰题材。该作品主要采用直针绣，就是用垂直线条，从纹样的一边，绣到另一边。线路朝一个方向平列，施色单纯，同时须注意边口匀整。其针法运用颇广，适宜绣制装饰性图案。

87 瓜瓞绵绵纹

清代：红色缎地刺绣荷包

私人收藏

　　瓜与蝶组合的纹样隐喻"瓜瓞绵绵"，是多子多福、绵延万代的意思。瓞即小瓜，瓜瓞绵绵的含义为瓜始生时常小，但其蔓不绝，会逐渐长大，绵延滋生。传统的"瓜瓞绵绵"图式有两类，一类是瓜连藤蔓枝叶，另一类还加上蝴蝶图案，取蝶与瓞同音，此图清代尤多。荷包是清代配饰中最常用的物品之一，此绣品色彩艳丽、造型工整，主要采用平针技法刺绣。

88 瓜瓞绵绵纹

清代：白色缎地刺绣荷包

私人收藏

　　"瓜瓞绵绵"，是多子多福、绵延万代的意思。该荷包主要采用平针等技法刺绣，在色彩上采用红绿配色，设色相对鲜丽明快，色彩丰富饱满。清中期以前的用色比较柔和，不同颜色之间的变化通过三晕色过渡，比如三蓝、三红等，且色彩不甚饱满，有些则用金线勾边，雅致脱俗。到清代晚期，颜色的搭配逐渐趋于鲜艳、饱满，并且逐渐减少了作为中间过渡的晕色，给人以艳丽夺目的感觉。

89 吉庆万年纹 / 和家如意纹

清代：玄色缎地刺绣荷包

私人收藏

　　荷包用黑色布制成，花边绣工精致，中间绣以如意纹、双钱纹、蝙蝠、荷叶等图案，纹样组合在一起表达着"吉庆如意""子孙万代繁荣兴旺"的寓意。主要采用锁绣等绣法，装饰感、立体感强。

90 福寿万代纹

清代：浅蓝色缎地刺绣荷包

私人收藏

　　荷包的历史源远流长，兴盛在清代，传世的荷包大多为清代至民国初年的绣品，形成刺绣小品中最为完整多样的"荷包体系"。荷包虽不如金玉珠宝昂贵，却集形式美与吉祥内涵于一身，是当时社会审美情趣与生活理念的一种反映。该作品是葫芦形状的适合纹样，青色为底色，金、黑双层边饰，主题纹样是寿字纹和蝙蝠纹，以及寿桃、花卉等，寓意福寿绵长。

91 蝴蝶纹

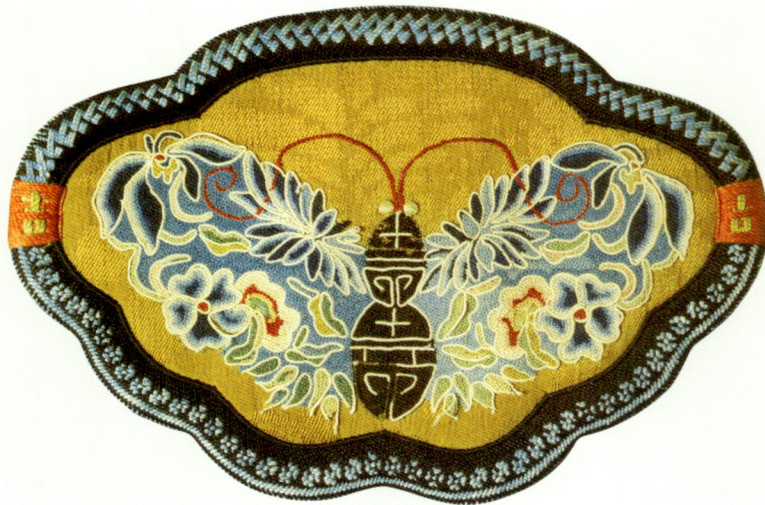

清代：黄色缎地刺绣荷包

私人收藏

　　将蝴蝶与花卉绣在一起，有"蝶恋花"这一说，象征着友情和爱情。以蝴蝶造型为基础，用各式花卉组成蝴蝶的翅膀，具有很强的装饰效果。打籽绣被认为是古老的锁链绣的发展，立体感、肌理感很强，适用于装饰性比较强的图案，其优点是坚固耐用，用于荷包上，甚是耐磨。

92 花卉纹

清代晚期：蓝色布地刺绣荷包

私人收藏

　　荷包等民间小件绣品，在尊崇"材美""工巧"的前提下往往在形态和纹样的表现上比较自由，体现了制作者的个人审美爱好和情感需求，具有原创性的特点。该款荷包为椭圆形，以平针绣的绣法描绘花草纹样，纹样线条自由、舒展。荷包往往作为爱情的信物，抒发情感、寄予美好的祝愿。

93 荷花纹/梅花纹

清代：红色缎地刺绣绲边荷包

私人收藏

　　该作品根据图案所在部位创作了两种花卉的适合纹样。荷花花品高雅，气质超群，因出淤泥而不染，被视为纯洁的象征。梅花通常在早春开花，因能耐严寒傲霜雪，被视为高洁、坚贞的象征，历来受到人们的推崇。作品主要采用打籽绣，用丝线缠绕成颗粒状小结，在画面上连缀成图案，具有较强的立体感，装饰性强。

94 瓜果纹

明代：黄色缎地刺绣荷包

私人收藏

　　荷包虽不如金玉珠宝昂贵，却集形式美与吉祥内涵于一身，是当时社会审美情趣与生活理念的一种反映。该作品中桃子、瓜果、花卉为纹样，绣工精巧。纹样简洁、概括，色彩鲜艳、明快，主要采用戗针、平针等针法刺绣，绣工精巧。

95 官上加官纹／安居乐业纹

清代：黄色缎地刺绣荷包

私人收藏

　　该荷包上部图案为鹌鹑与落叶，取"鹌"与"安"、"落"与"乐"的谐音，寓意安居乐业。该荷包下部图案为官上加官纹。官上加官是中国传统祝福装饰纹样，清代晚期最为流行。由雄鸡、鸡冠花组成，或绘一蝈蝈落在鸡冠花上。雄鸡头顶有大红冠，冠谐音官，寓意"官上加官"，步步高升。此荷包图案色彩丰富，形象生动，画面饱满，采用了平针、锁针、套针等刺绣技法，绣工精致。

96 八仙吉庆纹

清代：蓝色布地刺绣荷包

私人收藏

　　八仙是中国道家传说中的人物。八仙本来都是凡人，了悟人生，自由自在游历人间，惩恶扬善，渡人于危难之中，结果就得到神仙的赏识，赐予他们法术，让他们长生不老做更多的好事，于是人间就留下许多佳话。该图案只表现八仙所用法器，以物代人，称为"暗八仙"，和如意云纹组成一体。刺绣工艺主要采用锁针绣，通过丝线缠绕打结的方式形成图案，绣工精细。

97 花卉鸟蝶纹

清代：蓝色绸地刺绣锦囊

私人收藏

此款锦囊为蓝色绸面，绲黑边，其上用明黄色绣出图案整体，花朵和鸟蝶的重要部位用红色进行装饰点缀，色调鲜艳明快，主次分明。作品由上下两片拼接而成，夹层，上下均绣有折枝花卉和蜂蝶纹，但上下花朵形状各异，统一而富有变化，纹样适形而丰满，造型生动活泼，花卉、鸟蝶的重点部位刻画细腻。

98 花卉龟纹

清代：红色缎地刺绣香囊

私人收藏

　　此为清代男子服饰用品中的一种。香袋是用各种彩色缎子面料加工而成，其上均有各色刺绣。此系红缎地料，做成葫芦形的香囊，用金线包边，头上有如意纹，采用平针、钉金线等针法刺绣，用金线和浅色丝线刺绣图案，显得富丽堂皇、喜气洋洋。图案为头生龙角的龟，以及一枝荷花，寓意"连科占鳌头"的吉祥内容。

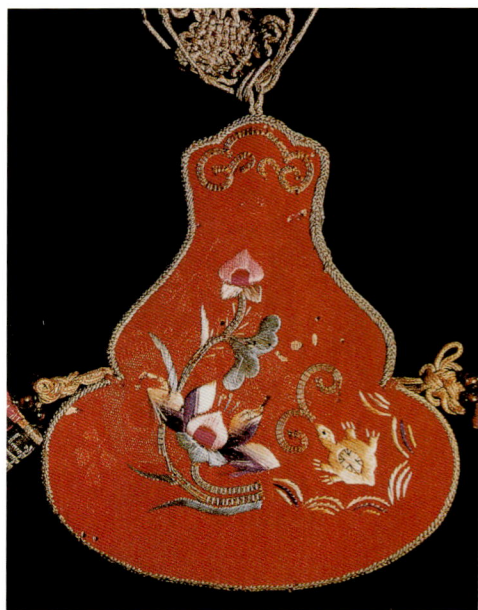

99 花卉龟纹

清代：红色缎地刺绣香囊

台北故宫博物院藏

　　此系玫瑰红缎地料，做成葫芦形的香囊，双层金线包边，葫芦头上有盘长纹，底部有几何形如意造型，上半部分图案为梅花，下半部分图案为头生龙角的龟，以及一枝荷花，寓意"连科占鳌头"的吉祥内容。此绣件采用平绣、钉金线、锁绣等方法刺绣，绣工精巧，用金线和深色丝线刺绣图案，显得富丽、高雅。

100 冰梅纹

清代：杏色缎地刺绣香囊

私人收藏

　　冰梅纹又称冰裂梅花纹，创制于清朝，以仿宋官窑冰裂片纹为地，并于其上画朵梅或枝梅的装饰纹样。梅花通常在早春开花，被视为高洁、坚贞的象征。梅花之瓣有五，象征"五福"，即福、禄、寿、喜、财；加上纵横交错的冰纹，称"冰梅纹"，寓意清白高雅。辫子股绣图案如锁链般圈圈相套，亦称锁绣。纹样造型饱满、别致，色调典雅。

101 荷花狮纹

清代：玄色缎地烟草袋

台北故宫博物院藏

中国的传统艺术，擅长运用各种谐音、象征、标号的寓意手法来表达对吉祥幸福的祝愿，以"隐喻"传递祝福，形成各种"吉语图案"，这种手法在明清得到极大的发展。因为"莲"与"连"，"荷"与"和"谐音的关系，莲花与其他图案形成了丰富多彩的隐喻。该图案为莲花、狮子，有"连登大师"的吉祥寓意。深色缎地上，用鲜艳的橙色、玫红色丝线绣制的漏斗形烟草袋，采用了平绣、戗针绣、钉线绣等刺绣技法。

102 鲤鱼纹

清代：黄色缎地刺绣钥匙袋

台北故宫博物院藏

　　该作品主要采用平针和套针的针法，绣鲤鱼纹和水纹，并辅之玉兰花、桃花、松树和云纹。明黄色调为主，黑色包边，上绣红花绿叶，显得富丽，有装饰感。

103 平安如意纹

清代：红色缎地刺绣钥匙袋

私人收藏

如意本是一种器物，以竹、木、骨、角、玉、石、珊瑚等材料制成，柄长二至三尺，首端作手指形，古人用以抓痒，所到之处尽如人意，因此有"如意"之名，后演变为一种观赏物。按如意形状所作的图纹，被称为"如意纹"；也有只取如意首端为纹饰者，名"如意头"；四个如意头汇合，作四面对称连续图案，取名为"四合如意"。该绣品主要采用平绣和锁绣技法，图案中亦有铜钱、宝瓶、宝书、莲花等造型。

104 蝴蝶纹

清代：蓝色缎地刺绣眼镜套

私人收藏

　　该图案以蝴蝶为主题，蓝底上用金色丝线绣出姿态各异的蝴蝶造型，蝴蝶翅膀上的装饰异常丰富。除采用平针、套针等针法刺绣外，还采用盘金绣，绣品光亮、平匀齐整，具有富丽辉煌的装饰效果。

105 花蝶纹

明—清：浅绿色缎地刺绣扇袋

私人收藏

  扇袋是明清时期男子随身携带的重要配饰品，使用时与荷包、香囊、眼镜等悬挂于腰间，保护储存扇子，并起到一定的装饰功能。该款扇袋整体上宽下窄，呈"T"形，顶部6厘米、底部3厘米宽，长31厘米。粉绿色缎面上刺绣装饰以蝶恋花纹样，工艺精致，寓意美好爱情。

106 果树纹

清代：红色缎地刺绣保温套

私人收藏

　　保温套是兼具功能性和装饰性的绣品之一，有保温、保护等实际应用功能。此款保温套高和宽约为35厘米，前后片均有填充，厚度约5厘米，刺绣工艺有明显的苏北绣、鲁绣风格。这款鲁绣绣品以平针绣为主，采用缠绕式针法，反面有较厚的丝线，绣品整体厚重，但刺绣工艺较细，水路清晰透底，绣工平整亮丽，色彩的配置也体现了鲁绣色彩艳丽的特点。红色缎地上主要用蓝色丝线完成刺绣纹样，五彩配艳蓝是鲁绣在配色上常用的方式，这一配色在其他绣种也有见到，但不如鲁绣中蓝色的突出、艳丽。该绣品纹样为一株硕果累累的树，枝叶舒展，具有很好的装饰效果。

107 鸳鸯戏莲纹

清代晚期：黄色缎地刺绣挂件

私人收藏

　　民间收藏的小件绣品中的刺绣纹样常采用形象化的比拟手法，借生活中的自然物象传达内心的情感，托形于外抒发理想。该款挂件中刺绣纹样的主题是鸳鸯戏莲，描绘了鸳鸯在莲花池中戏水的美好场景，祈求人间恩爱、夫妻和美。

108 万寿如意纹

明代：黄色缎地京绣绣片

私人收藏

祈望长寿是人们的共同心愿，通常以祥云、灵芝、"卍""寿"字等作为长寿的代表符号。京绣在明清时期大为盛行，其用料讲究，做工精美，格调高雅。绣线除了一般的蚕丝外，还多运用金银线。其手法先用金银线盘成花纹，然后用色线绣固在织面上，充分体现了皇族的气派。

109 五谷丰登纹

明代：银色缎地京绣绣片

私人收藏

　　此为古代寓意纹样。"五谷"指五种谷物。古代说法不同，有的说是稻、黍、稷、麦、菽，有的说是稻、稷、麦、豆、麻。"丰登"为丰年之意。五谷丰登，预祝农业丰收，用来表现人们在生活上的美好愿望。灯笼为主体，多与莲花、如意等组合在一起，或嵌以寿字；灯笼悬结谷穗，作为流苏；两只蜜蜂围着灯笼飞舞。以蜂谐"丰"音，灯谐"登"音，加之谷穗，组成"五谷丰登"吉祥图案。此绣品主要采用平针、戗针、钉线等针法刺绣，图案精美，绣工精巧。

110 金鱼纹

清代：红色缎地绣片

私人收藏

　　图案以红色为底色，用黄、白、绿等浅色调以及深蓝绣出图案，以金鱼为主题，采用平绣技法绣满金鱼身体，再以套针刻画细节，针法运用灵活。画面由一条大鱼和两条小鱼构成，相互呼应，周围以水草装饰，画面富有趣味。

111 金鱼纹

清代：红色缎地绣片

私人收藏

　　清代苏绣运用套针和戗针的刺绣手法，以解决色阶过渡的问题，使被绣物形态的转折和色彩的过渡更为自然，不留痕迹。该作品中金鱼的刻画就是一个很好范例。"金鱼"的读音和"金玉"相近，又被喻为金钱、财运。

112 金鱼荷叶纹

清代：水蓝色缎地绣片

私人收藏

　　钉线绣又称盘梗绣或贴线绣，是把各种丝带、线绳按一定图案钉绣在服装或纺织品上的一种刺绣方法。金鱼被是为美好、吉祥的象征，在丝织品中运用极广，在织绣纹样中常常和莲花相配，取名为"金玉连发"，寓财运不断之意。

113 荷花金鱼纹

清代：粉色缎地绣片

私人收藏

　　该作品采用戗针绣法，用短直针顺着形体的姿势，以后针继前针，一批一批地戗上去，特点是颜色匀净，深色或浅色都一批一色，富有装饰性。戗针在刺绣花瓣和动物的鳞、翼等时，经常被使用。该作品以数尾金鱼、水草和池塘组合成写实纹样，借金鱼寓金玉，借池塘之塘寓堂，寓意为金玉满堂。

114 鲤鱼盘长纹

清代：红色缎地绣片

私人收藏

　　此幅刺绣颜色匀净，深色或浅色都一批一色，大多数由浅到深，富有装饰性。鱼类之所以受到人们的喜爱，除其本身具有食用和观赏价值外，还含有文化方面的因素。此幅刺绣作品中鱼和吉祥纹样的组合寄托人们美好的愿望。

115 金鲤鱼纹

清代：深蓝色缎地绣片

私人收藏

　　该作品采用打籽、平金、套针等多种针法，运用灵活。打籽针铺满鱼身，颗粒细小、排列灵活，用平金勾勒鱼身轮廓及水纹，雍容华贵、栩栩如生；花卉用套针，色彩丰富，衔接自然。图案中采用多组对比色，如红绿、蓝橙等，用色鲜艳大胆。

116 双鲤纹

元代：黑色缎地绣片

私人收藏

　　该作品中的双鲤纹，鲤鱼翻腾于波涛和飞溅的浪花中，鱼身健硕，鱼尾翻转，巧妙地形成弧形。鲤鱼造型优美，细部刻画精致逼真，与水波纹配合产生游动的感觉。黑色缎地上刺绣金黄色纹样，显得神秘而高贵。

117 双鲤宝盖鱼纹

清代：红色缎地绣片

私人收藏

　　该作品采用平针绣法，平行或斜向地刺绣在织物上，针线排列紧凑，画面匀称，不重叠，不露地。该纹样属于对称纹样，在一个宝盖下，有两条鲤鱼图纹。整幅画面结构紧凑，画面完整，以红黄色调为主，增加蓝色更显生动活泼。

118 鲤鱼跳龙门纹

清代：杏色缎地绣片

私人收藏

　　该作品较多地运用打籽绣法，将绣线打成颗粒状小结，在画面上连接成图案。该纹样属于适合纹样，在一个硕大的如意头中间，刺绣上鲤鱼跃龙门图纹。中间宽阔的位置安排主体纹样——龙门，龙门周边的空隙地位则嵌入双鱼、鸟雀、花苞、花叶和水波，整幅画面全被纹样填满，结构紧凑，画面完整。

119 螳螂纹

清代：红色缎地绣片

私人收藏

　　该图案正下方有萝卜，萝卜谐音是"摞步"，萝卜白菜寓意财越摞越多，一步一财。萝卜方言叫"菜头"，谐音"彩头"，以祝愿有好彩头。特大萝卜象征着风调雨顺，国泰民安。民间有"冬吃萝卜夏吃姜，不劳医生开药方"的说法。该绣品以红缎为面料，其上主要以绿、黄等色丝为绣线，采用平针、扎针、打籽针等针艺，绣制以螳螂为题材的花纹图案，生动有趣。

120 蜻蜓花卉纹

清代：杏色缎地苏绣绣片

私人收藏

　　该图案以红色蜻蜓为主题，辅以绿叶白花，色彩鲜艳明快，蜻蜓翅膀和花叶上都运用了色晕，使花色更加生动活泼。绣法采用套针绣，套针流传很广，为苏绣所擅长，特别是双面绣，更离不开套针。套针也是一批一批地刺绣，但是后一批线条必须插入前一批线条的两线之中，线条在套接时不露针脚。晕色过渡不着痕迹，常用于绣花卉、禽鸟、走兽的翅膀和尾巴，使之色彩更加丰富。

121 蝎子蟾蜍纹

清代：白色缎地绣片

私人收藏

　　"五毒"分别是蝎子、蟾蜍、蜈蚣、毒蛇和壁虎（一说为蜘蛛），以"五毒"为主题的图案有辟邪、保平安的意思。该图案由蝎子和蟾蜍组成，作品主要采用套针、打籽针等针法，以套针铺底，蟾蜍的斑纹以打籽针表现，针法使用到位，五毒衔花，生动有趣。

122 双蝶纹

清代：黄棕色缎地绣片

私人收藏

　　该图案以黄棕色调为底，用蓝黑丝线绣出双蝶，色彩搭配高雅脱俗。蝴蝶是昆虫界忠贞的代表之一，被人们视为吉祥美好的象征，双蝶恋花寓意甜蜜。用暗纹构成一个圆形适合图案，寓意圆满。此绣品采用多种针法相结合，有套针、钉线、扎针等，技法多样，双蝶翩翩起舞，体态优美，翅膀上几何装饰纹样变化丰富，绣工精巧绝伦。

123 蝴蝶纹

清代：绿色缎地绣片

私人收藏

　　该作品是在绿色锦缎上绣出蝴蝶，对蝴蝶的翅膀进行了美化，使其姿态更加优美，增强装饰感，色彩也异常鲜艳。主要采用套针绣技法。套针是苏绣的传统针法之一，是苏绣一大特色。其始于唐代，盛行于宋代，至明清时期更为发展，流传很广。

124 蝴蝶纹

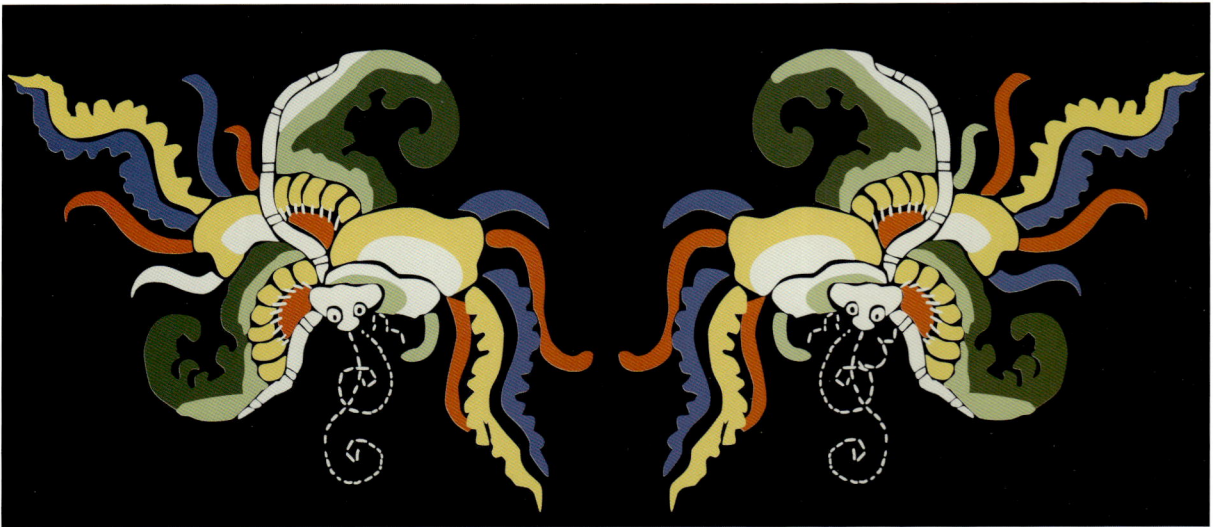

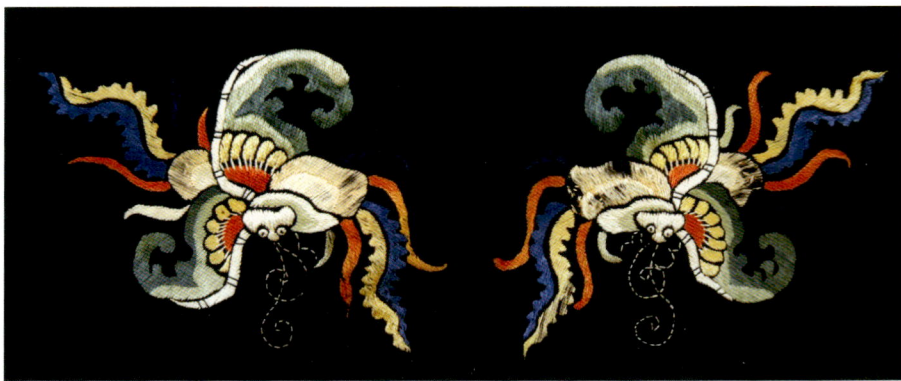

清代：玄色缎地绣片

私人收藏

　　蝴蝶因其形象优美，色彩鲜艳，被视为幸福、美好的象征，在传统织绣中运用极广。有的纹饰以蝴蝶为主配以其他内容，有的把蝴蝶作为辅助纹样点缀在花鸟画面中。该刺绣运用平绣技法表现，且具有传统的对称美感，蝴蝶造型奇特，色彩鲜艳，装饰性强。

125 蝴蝶纹

清代：橙色缎地绣片

私人收藏

　　蝴蝶被人们视为吉祥美好的象征。该作品运用平绣技法，绣出翩翩飞舞的蝴蝶形象，动感十足。纹样在橙色底上用蓝色线进行刺绣，非常醒目，局部采用色彩渐变，层次丰富。平绣针脚细密，使绣品表面平整、饱满。该作品有对称美感，蝴蝶造型奇特，色彩鲜艳，装饰性强。

126 牡丹纹

清代：红色缎地绣片

私人收藏

　　该图案是红底折枝牡丹，牡丹花形端庄丰满，色彩鲜艳夺目，有富态之美，被视为富贵的象征，在传统织绣纹样中被广泛运用。作品采用平绣和打籽绣，平绣是将绣线平直排列，每一针的起落都在纹样的边缘，主要依靠针脚的长短变化构成纹样，针迹平行，均匀齐整，不露地、不重叠，适宜表现面积较小的纹样，形成光洁平整的色面，多用单色，不用和色。打籽绣也叫"结子"，用丝线缠绕成颗粒状小结，在画面上连缀成图案。具体做法是由下而上将针穿出布面，然后以线缠绕针尖一周或两周，随即在线跟旁刺下，收紧纬线，纬面即呈现一颗结子。

127 萱草纹

清代：红色缎地绣片

私人收藏

　　该作品为红黄色调纹样。采用平针绣法，绣面整齐匀称。萱草亦称"忘忧草""金针花""宜男草"，通常于夏秋之际开花，花形呈漏斗状，花瓣反卷，有花蕊伸出。萱草花语有"忘却一切不愉快的事情""放下忧愁"等。古代孩子要出远门前，会在母亲住处种上萱草花，让母亲减少对自己的想念。民间旧传孕妇佩戴此花可生男婴，故其被视为瑞应之物。萱草常用作装饰纹样，流行于明清时期。

128 梅花纹

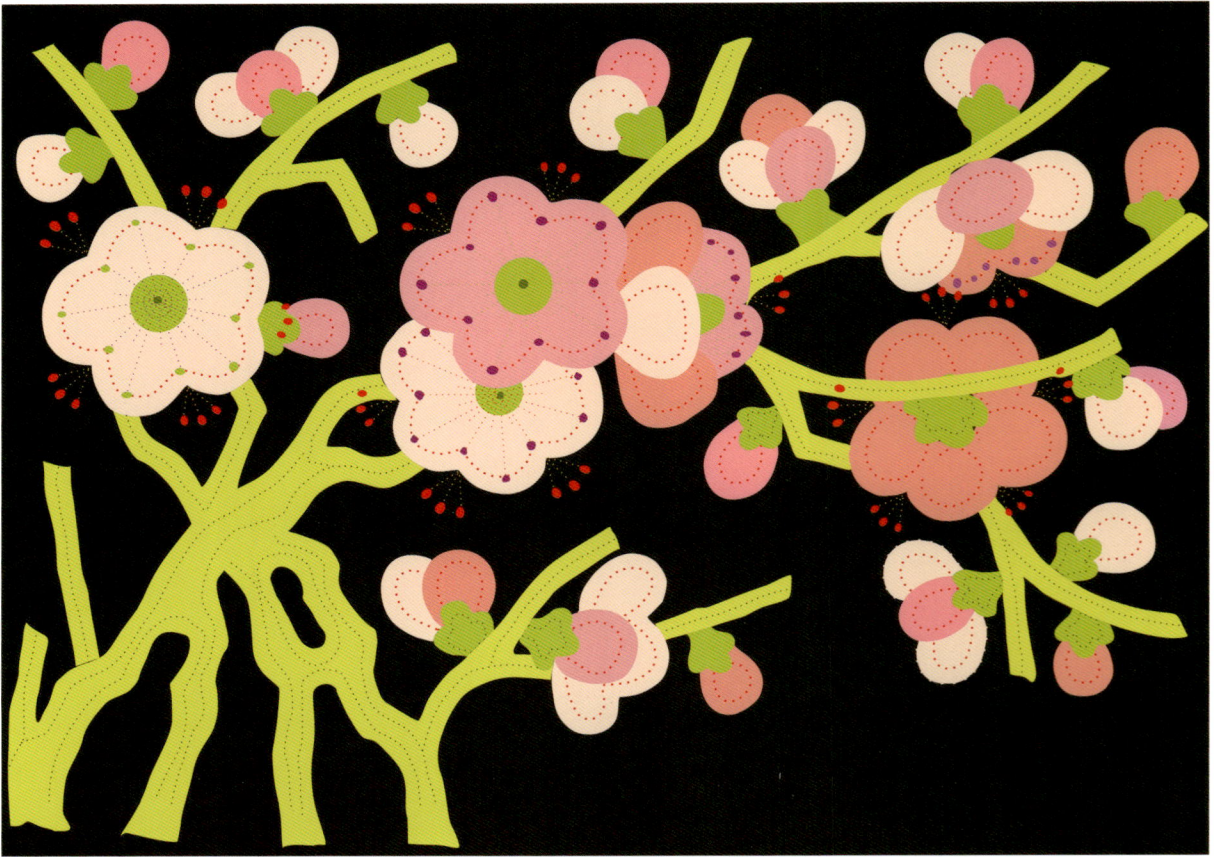

清代：红绢地钉绫绣残片

北京故宫博物院藏

　　此绣件以青色缎为地，采用"钉绫"或称"堆绫"的技法，以果绿色、绿色、浅粉色、水粉色绫为原料，把各色绫剪裁成梅花的枝干及花瓣，然后用线把它钉在青色缎上，形成花纹。最后再用红色、绿色、黄色、藕荷色线，采用松针、打籽针等针艺绣制梅花的花心。采用对比强烈的色彩钉绣梅花的花瓣和花心，使梅花更加亮丽突出，更具有立体效果。

129 兰花纹

清代：玄色缎地绣片

私人收藏

　　中国传统名花中的兰花仅指分布在中国兰属植物中的若干种地生兰，如春兰、蕙兰、建兰等，与花大色艳的热带兰花大不相同，没有醒目的艳态，没有硕大的花叶，却具有质朴文静、淡雅高洁的气质，很符合东方人的审美标准。中国人历来把兰花看作高洁典雅的象征，并将其与"梅、竹、菊"并列，合称"四君子"。传统织绣纹样中有大量反映，常见者为一茎数花，单独成纹。该作品主要采用平针、戗针等针法，针迹饱满，层次清晰。

130 菊花纹

清代：白色缎地绣片

私人收藏

　　该图案为折枝菊花，以写实手法表现丰满、硕大的花朵，形态优美，色彩素雅。菊花是花中四君子之一，因菊花具有清寒傲雪的品格，才有陶渊明的"采菊东篱下，悠然见南山"的名句。中国人有重阳节赏菊和饮菊花酒的习俗。在神话传说中，菊花还被赋予了吉祥、长寿的含义。该作品主要采用平针、套针等针法，用相近色丝线绣出舒展的花瓣和翻转的叶片。

131 荷花纹

清代：白色缎地绣片

私人收藏

　　荷花"出淤泥而不染，濯清涟而不妖，中通外直，不蔓不枝"，历来是古往今来诗人墨客歌咏绘画的题材之一，也在绣品中广为运用。图案以红色为底色，花朵和荷叶以蓝、绿色为主色进行刺绣，主要采用平针和戗针等针法，按纹样形状分层刺绣，后针接前针，一批一批地"戗色"上去。绣品较为结实，针迹齐整，层次清晰，色彩浓郁，极富装饰性。

132 玉兰纹

清代：绿色缎地绣片

私人收藏

　　玉兰早春开花，花开时异常惊艳，满树花香，花叶舒展而饱满，别名"望春"，花朵硕大，白色或淡紫红色，花香沁人心脾，因其树姿优美，花朵秀丽，常被用作织绣纹样，寓意高洁。该作品主要采用戗针技法刺绣，用短直线，顺纹样形体，一批批由外向里排绣，并可一批批按颜色深浅换色，做出晕色效果，也就是按纹形用齐针分层刺绣，每层交界落针点留有缝隙，称为水路。这水路是戗针的特色，富有装饰性。

133 玉兰纹

清代：浅棕色缎地绣片

私人收藏

　　该作品采用了平套的刺绣手法，绣线长短不一分层相套，应用于花瓣和鸟的羽毛，使画面颜色自然过渡，栩栩如生。玉兰花纹样，宫廷民间通用，实物有大量传世。除单独出现外，此幅图中玉兰花、鸟和孔雀组合，寓意吉祥富贵。

134 芍药纹

明代：杏色缎地绣片

私人收藏

　　该图案为折枝芍药，以写实手法表现丰满、艳丽的花朵。芍药为多年生宿根草本植物，花形硕大，色彩鲜艳。芍药被人们誉为"花仙"和"花相"，且被列为"十大名花"之一，自古就是爱情之花。该作品在米色底上用橙色、红色和绿色丝线刺绣，采用平针、套针等针法，绣工精巧，作品华美。

135 凤戏牡丹纹

年代不详：白色缎地绣片

私人收藏

　　在中国民间艺术中，凤与牡丹是常见的组合，至今仍被广泛应用于各种艺术形式中，这一主题包括凤穿牡丹、双凤牡丹、凤蝶牡丹、凤戏牡丹等多种形式，成为最经典的吉祥图案。该图案用色艳而不俗，牡丹雍容华贵，凤凰盼顾生动，采用平针、套针、戗针等多种刺绣技法，绣工精巧。

136 岁岁富贵纹

清代：红色缎地绣片

私人收藏

此为以牡丹为主题的圆形适合纹样，中间盛开的牡丹寓意富贵，四周围绕稻穗寓意年年岁岁，构图饱满、巧妙，采用红、绿对比色使图案更鲜明，花瓣、叶子和稻穗等均采用色晕过渡，具有很强的立体感和层次感。作品采用戗针绣法，以较短的针脚并列成块面，按纹饰分层刺绣，从纹饰外缘向内一层层刺绣，局部用了打籽针，绣工精巧。

137 蝙蝠寿桃纹

清代：红色缎地绣片

私人收藏

　　蝙蝠是一种能够飞翔的哺乳动物，古代也划归虫类。因"蝠"字与"福"字谐音，所以被视为幸福、美满的象征，被广泛用于装饰。蝙蝠纹和寿桃同时出现，代表"福寿延年"。该作品主要采用戗针绣法。

138 四季平安纹

清代：蓝色缎地绣片

私人收藏

　　该图案表达了人们对平安的祈祷，如"四季平安"是在花瓶之中安插四季花卉，"岁岁平安"是将麦穗、稻穗安插于瓶中，"竹报平安"是在花瓶之中插以天竹。这些都反映了广大民众祈求安宁的美好愿望。该作品主要采用了平针、戗针和打籽针等针法刺绣，绣工精巧，立体感强。

139 三多纹

清代：黄色缎地绣片

私人收藏

"三多"图案以佛手、桃子和石榴组合于一盘；有的使三者并蒂，也有的以三种果物作缠枝相连，表现多福多寿多子的颂祷，故称福寿三多纹。该作品主要采用了平金绣、打籽绣等刺绣方法，刺绣精美。

140 四季富贵纹

清代：玄色缎地绣片

私人收藏

　　牡丹花在古时有"富贵花"之誉，因此在传统寓意纹样中，常以牡丹表示富贵。如将牡丹和海棠织绣在一起，取名为"满堂富贵"；牡丹和玉兰、月季、桂花、菊花、梅花等织绣在一起，取名为"四季富贵"；牡丹和如意等构成"富贵如意"图纹等。该绣品采用最基本的平针、套针绣法，其针脚排列细密，穿插有序。

141 宝瓶纹

清代：橙色缎地绣片

私人收藏

　　节节高可以是竹子节节高升、挺拔直立的造型，也可以是芝麻开花节节高，但主要是以竹子的造型来进行体现，寓意节节高升、事事顺心、学业有成等。该作品采用锁绣技法进行刺绣，因其外观呈辫子形，又称为"辫子股绣"，一般用多股或单股的丝线、棉线绣制，其风格粗犷，并根据绣品的内容和功能搭配不同的图案色彩。

142 麒麟送子纹

清代：浅黄色缎地绣片

私人收藏

　　麒麟送子是中国祈子风俗，民间认为麒麟为仁兽，是吉祥的象征，积德人家求拜麒麟可生育得子。该绣品中童子跨骑麒麟，手持花枝，隐喻麒麟自天而降，喜赠贵子。该绣片采用平绣技法，平绣可分为竖平、横平、斜平，绣面要求平整，针脚要对齐，绣线疏密均匀。

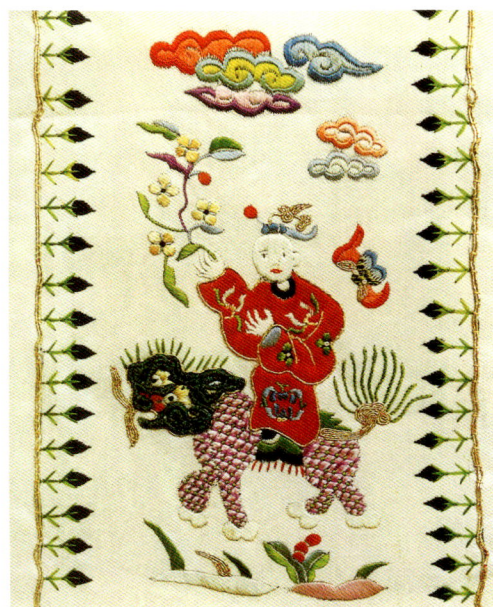

143 多子多福纹

清代：红色缎地绣片

私人收藏

　　该作品借石榴多子寓意子孙繁盛，佛手的"佛"与"福"谐音。将佛手与石榴组合，统称为多子多福。该纹样以一红一蓝两朵牡丹为中心，佛手与石榴左右对称布局，统一中有变化，稳重中又不乏灵活。牡丹花瓣和佛手等处采用中国传统的戗针绣技法，颜色由里向外产生深浅变化，呈现晕色效果，使得纹样更为生动传神，极富装饰性，取得了很好的艺术效果。

144 宝相花纹

清代：红色缎地绣片

私人收藏

　　此为在红底上用蓝、绿、白色丝线绣出的莲花图案。莲花花品高雅，气质超群，因出淤泥而不染，被视为纯洁清净的象征，在绣品中广为运用。该图案属团窠宝花纹，采用正面、侧面的莲花造型，并结合如意造型的叶子，共同组成"四菜一汤"的布局。该作品主要采用平绣技法，针迹平行，均匀齐整，形成光洁饱满的绣面。

文物图片来源（数字为本书纹样编号）

北京故宫博物院　16，17，44，50，128

北京艺术博物馆　56

辽宁省博物馆　70，71

私人收藏　1—10，12—15，18—43，45—49，51—55，57—69，72，74—98，100，
　　　　　103—127，129—144

台北故宫博物院　11，99，101，102

台北历史博物馆　73

后　记

这个项目从启动到接近尾声大致持续了3年时间，我们项目团队教师带领学生，有近20位人员参与了工作。从图书馆查找资料开始，到奔赴实地调研，经历了整理卡片、记录对象、挑选纹样、研讨确认等诸多环节，其后投入了大量的时间和精力对绣品纹样进行了扫描提取，利用电脑平面软件进行绘制和修复。通过大家的集体努力，课题组采集并制作了1000件明清小件绣品的资料卡，对其中300幅的刺绣纹样进行了修复性绘制，转化为传统纹样电子数字图集。在此过程中，课题组的成员也收获了很多关于传统刺绣工艺实践和理论的认知，对绣品的造型、刺绣工艺、色彩、品类的地域差异，及其历史的风貌的流变，成员们均取得了系统的了解，并做了理论的总结和梳理。参加课题的骨干学生在老师的指导下，获得了教育部"全国大学创新创业"项目立项，在此研究基础上延伸，教师团队先后获得国家社科基金艺术学项目、浙江省哲学社会科学规划重点项目和重点基地项目的立项，并公开出版核心学术论文8篇。在课题的研究推进中，师生们浸润在传统工艺文化的宝库中，良好的传统服饰文化的熏陶进一步丰富了大家的专业知识构成，这对师生们将来不论从事传统文化的研究，还是进入当代设计的创新应用领域都是一笔宝贵的财富。

首先我们要感谢中国丝绸博物馆赵丰馆长和项目负责人周旸的支持，感谢浙江工业大学袁宣萍教授的帮助，最后感谢浙江科技学院项目团队师生们的辛苦付出。校前党委书记王建华教授负责组织和指导具体工作的开展，我和郑林欣教授负责收集和整理资料，我和王露芳副教授负责纹样文字解析和绘制工作，顾佩佩、叶思町、国晓芳、侯矣丰、庞肖琼、张姗姗、叶姿君、朱恬、张袁汇、杨洋、王文炎、吴晨茜、施力嘉、胡航琦、汪蔚婷、郑迎、马洁、鄂丽鲜、金灵、程佳青、李兵、曾珊瑚、张岩岩、黄慧宁、陈黎宁、钱燕飞、莫佳雯等同学参加了图案的绘制，王露芳老师更是对图案的修复认真把关、校对，力求恢复原貌。在大家的共同努力下，各项工作才得以环环相扣、顺利推进。

感谢在课题开展和本书撰写过程中给予我们无私帮助的各位朋友。特别是在纹样采集过程中，给予我们支持和帮助的朋友们。本书稿部分图片来源为：《明清绣品》（李雨来、李玉芳，东华大学出版社2012年版）、《中国织绣服饰全集·刺绣卷》（中国织绣服饰全集编辑委员会，天津人民美术出版社2004年版）《中华元素图典·花卉虫鱼》（高春明，上海锦绣文章出版社2009年版），《女红——中国女性闺房艺术》（潘建华，人民出版社2009年版）。在此一并表示深深的感谢。

俞晓群

2018年2月初于杭州

图书在版编目（CIP）数据

中国古代丝绸设计素材图系. 小件绣品卷 / 俞晓群，
王露芳编著. — 杭州：浙江大学出版社，2018.7
（2023.6重印）
ISBN 978-7-308-18217-1

Ⅰ．①中… Ⅱ．①俞… ②王… Ⅲ.①古丝绸—丝织
工艺—中国—图集 Ⅳ．①K876.9-64 ②TS145.3-64

中国版本图书馆CIP数据核字（2018）第094164号

中国古代丝绸设计素材图系·小件绣品卷

俞晓群　王露芳　编著

策　　划　包灵灵　张　琛
责任编辑　包灵灵
责任校对　董　唯
封面设计　赵　帆　续设计
出版发行　浙江大学出版社
　　　　　（杭州市天目山路148号　邮政编码 310007）
　　　　　（网址：http://www.zjupress.com）
排　　版　杭州林智广告有限公司
印　　刷　浙江海虹彩色印务有限公司
开　　本　889mm×1194mm　1/16
印　　张　11.25
字　　数　180千
版 印 次　2018年7月第1版　2023年6月第3次印刷
书　　号　ISBN 978-7-308-18217-1
定　　价　188.00元